中外文**稀有版本**文献

《路德维希·费尔巴哈和德国古典哲学的终结》

③

费尔巴哈
古典哲学终末

【德】弗里德里希·恩格斯 ◎ 著
向省吾 ◎ 译

《路德维希·费尔巴哈和德国古典哲学的终结》的出版与传播

（代序）

马克思主义的产生和发展一直离不开翻译，它同形形色色的错误思潮进行斗争的过程同样离不开翻译。马克思主义奠基人（尤其是恩格斯）极为重视翻译工作，认为这是一项意义重大的革命工作，"马克思的理论正是在目前对社会主义运动产生着巨大的影响"①，然而，只有准确翻译出版马克思的著作，才能帮助剔除掉社会主义运动中错误思潮对工人的影响，比如恩格斯打算出版《资本论》的法译本，目的就是希望"使法国人摆脱蒲鲁东用对小资产阶级的理想化把他们引入的谬误观点"②。恩格斯同样重视马克思主义著作的翻译，"最近十年国际社会主义文献的巨大增长，特别是马克思和我以前的著作的译本的数量"的增长，认为这些"文献的增加……是国际工人运动本身相应发展的一个象征"。③ 因此，梳理《路德维希·费尔巴哈和德国古典哲学的终结》（简称《费尔巴哈论》）的翻译出版对于了解和掌握社会主义运动的发展和马克思主义的传播情况具有重要意义。

---

① 《马克思恩格斯文集》第5卷，北京：人民出版社2009年版，第34页。
② 《马克思致路德维希·毕希纳（1867年5月1日）》，《马克思恩格斯全集》第31卷，北京：人民出版社1972年版，第546页。
③ 《资本论》第3卷，《马克思恩格斯文集》第7卷，北京：人民出版社2009年版，第3页。

一 《费尔巴哈论》的最初出版和译介

《路德维希·费尔巴哈和德国古典哲学的终结》及其序言是恩格斯晚年时期最重要的著作之一。恩格斯在1886年初接受《新时代》杂志社约稿,以德文写了一篇关于施达克《路德维希·费尔巴哈》的书评。这篇长篇的书评发表在1886年《新时代》杂志第4期和第5期。时隔两年之后,为了便于阅读和传播,恩格斯又于1888年在斯图加特出版单行本,并且给这个单行本写了序言。

这个小册子甫一出版就受到了同情和信仰马克思主义的人(尤其是那些理论家兼革命家)的关注。《费尔巴哈论》出版后不久,法国人就开始关注这个小册子。1894年,巴黎的杂志《新纪元》第4期和第5期上刊登了劳拉·拉法格翻译并经恩格斯审阅过的译文。恩格斯对这个小册子的整个翻译过程都给予了关注。在翻译过程中,恩格斯就给左尔格写信说:"劳拉·拉法格正在把我的《费尔巴哈》译成法文,而且即将在巴黎出版。"[①] 此外,恩格斯还把这件事情告诉了考茨基,并对这个译本给予了高度评价:"劳拉·拉法格正在把我的《费尔巴哈》译成法文供《新纪元》发表和以后出单行本,狄茨知道这件事定很高兴。前一半我已看过。她的译文忠实而流畅。"[②]

除了上述译本,《费尔巴哈论》陆续出版了不同语言的译本,它们分别是:(1)1890年,这个小册子的波兰文版翻译出版;(2)1892年,这本书出版了保加利亚文译本;(3)同一年,葡萄牙译本问世。[③]

[①] 恩格斯:《致弗里德里希·阿道夫·左尔格(1893年12月30日)》,《马克思恩格斯全集》第39卷,北京:人民出版社1974年版,第184页。值得注意的是,我们一般将《路德维希·费尔巴哈和德国古典哲学的终结》简称为《费尔巴哈论》,而恩格斯似乎将之简称为《费尔巴哈》。实际上,我们在后文中还会看到,不同的人对这部著作的简称不尽相同,因此我们在阅读与之相关的文献时要注意这一点。

[②] 恩格斯:《致卡尔·考茨基(1894年1月9日)》,《马克思恩格斯全集》第39卷,北京:人民出版社1974年版,第190页。

[③] 参见《马克思恩格斯文集》第4卷,北京:人民出版社2009年版,第603页,注释168。

然而尽管恩格斯在写《费尔巴哈论》时居住在伦敦，但这本非常重要的小册子的英译本出现得比较晚。根据资料显示，《费尔巴哈论》最早是在1917年翻译成英文的，题目是《费尔巴哈：社会主义哲学的根源》。完整的英译本最早出现在1941年，译者是刘易斯，他还写了评论性导言。截至目前，这个小册子共有四个完整的英文译本，它们分别是1936年杜德编辑出版的收录了马克思和恩格斯关于辩证唯物主义的其他材料的伦敦和纽约版、1941年的纽约版、1946年拉斯克编的莫斯科和伦敦版，以及1950年的莫斯科版（这个版本包括马克思的《关于费尔巴哈的提纲》）。①

尽管处在遥远的东方，日本在马克思主义著作的译介方面并不逊于某些西方国家。《费尔巴哈论》的最早日文本于1927年就已经出现，这在某种程度上不但推动了日本马克思主义的发展，而且还有助于中国马克思主义思想的引介和传播。②

二 《费尔巴哈论》在俄国的传播

作为世界上第一个社会主义国家，单独研究《费尔巴哈论》在俄国的译介出版具有特别的意义。根据已有的文献资料，我们能够判断这

---

① Feuerbach, *The Roots of the Socialist Philosophy*, Translated with a critical introduction by Austin Lewis, Chicago: Charles H.Kerr & Co., 1916. 几个完整的译本分别是：(1) *Ludwig Feuerbach and the Outcome of Classical German Philosophy*, With an appendix of other material of Marx and Engels relating to dialectical materialism, Edited by C.P. Dutt, London: Lawrence & Wishart, 1936; New York: International Publishers Co., 1970. (2) *Ludwig Feuerbach and the Outcome of Classical German Philosophy*, New York: International Publishers, 1941. (3) *Ludwig Feuerbach and the Outcome of Classical German Philosophy*, Edited by I.B.Lasker; Moscow: Foreign Languages Publishing House, 1946; London: Lawrence & Wishart, 1947. (4) *Ludwig Feuerbach and the End of Classical German Philosophy*, Moscow: Foreign Languages Publishing House, 1950; Moscow: Progress Publishers, 1969. 这些版本的信息参见尤班克斯编：《马克思恩格斯著作目录和马克思主义参考书目》，北京：书目文献出版社1987年版，第44—45页。

② 关于日文本最早出现年份的判断，本文转引自韩立新：《"日本马克思主义"：一个新的学术范畴》，见〔日〕望月清司：《马克思历史理论的研究》，韩立新译，北京：北京师范大学出版社2009年版，"总序"第3页。关于日本马克思主义对中国马克思主义的影响参见下文第四章第三节的相关内容和注释。

个本子最早受到关注并试图传入的国家之一就是俄罗斯。1889年,《费尔巴哈论》的俄译文就在圣彼得堡的《北方通报》杂志（第3期和第4期）上发表了，不过题目改成了"德国古典唯心主义哲学的危机"，遗憾的是，在发表的过程中，杂志没有标明作者，仅仅是在文章下面注上了译者格·弗·李沃维奇的署名"格·李·"。关于这个版本与马克思主义之间的关系我们无从考证，但之后几乎所有的译本都与马克思主义组织和马克思主义的传播有关。

（一）劳动解放社与《费尔巴哈论》翻译出版

我们知道，普列汉诺夫的译本是比较早的，而且也是比较权威的译本。1892年《劳动解放社》在日内瓦用单行本出版了由格·瓦·普列汉诺夫翻译的全译文。与众不同的是，普列汉诺夫在把弗·恩格斯德文版的《路德维希·费尔巴哈和德国古典哲学的终结》译成俄文后，在出版时附加上了序言和注释，这个序言就是《译者的话》，注释则包括两部分，即："普列汉诺夫为恩格斯《费尔巴哈与德国古典哲学的终结》一书俄译本第一版所写的注释"和"原校订本第一版的注释"。① 他所附加的序言和注释对于我们准确把握马克思主义有着非常重要的作用。但普列汉诺夫的《费尔巴哈论》俄译本之所以能够产生巨大影响，是因为俄国的马克思主义者是在有组织地翻译马克思和恩格斯的著作，而这个组织就是劳动解放社。

劳动解放社，俄国的第一个马克思主义组织，于1883年9月25日在日内瓦成立，于1903年解散。这个组织成立伊始就发表了普列汉诺夫起草的被视为劳动解放社成立宣言的文章《关于出版〈现代社会主义丛书〉问题》，其中明确指出俄国"革命的知识分子首先要确立现代社会主义世界观"，但当时的社会主义出版物"很难满足"这一要求，

---

① 《普列汉诺夫为恩格斯〈费尔巴哈与德国古典哲学的终结〉一书俄译本第一版所写的序言（〈译者的话〉）和注释》，载《普列汉诺夫哲学著作选集》第1卷，北京：生活·读书·新知三联书店1961年版，第502—563页。

―――― 《路德维希·费尔巴哈和德国古典哲学的终结》的出版与传播（代序）

因此它开始着手出版《现代社会主义丛书》①，开始"系统地传播马克思和恩格斯的著作"。②

普列汉诺夫认为，《现代社会主义丛书》是一种新的尝试，并提出了自己的主要任务："（1）通过把马克思和恩格斯学派最重要的著作（注意到不同修养程度的读者需要一些原著）译成俄文的方式，传播科学社会主义思想。（2）从科学社会主义观点和俄国劳动人民的利益出发，批判在我们革命者中间占统治地位的学说，并深入研究俄国社会生活中的最重要的问题。"③ 劳动解放社在组织翻译马克思和恩格斯著作的过程中得到了恩格斯的大力支持和高度评价。恩格斯不但推荐可以优先翻译的著作，替译者解答问题，而且答应对某些著作的翻译给予一切帮助。恩格斯对劳动解放社以及它翻译的自己和马克思的著作最初的俄译本给予了很高评价，认为劳动解放社是"他能够把自己和马克思的著作委托出版的唯一的侨外俄国革命团体"④。

在《现代社会主义丛书》中，劳动解放社选译的重要著作包括《费尔巴哈论》。⑤ 列·阿·列文认为，《现代社会主义丛书》中选译著作的质量比较高，而且这些译本对俄国的社会主义革命运动具有重要意义。此外，这套丛书还有一个优点——"附有译者的序言和注释"，但他又认为，"在很多序言和注释中存在严重的错误"。他专门指出，普

―――――――――――――

① 〔俄〕普列汉诺夫：《关于劳动解放社的三篇史料·关于出版〈现代社会主义丛书〉问题》，载《世界历史》1983年第5期，第91页。

② 周邦：《"劳动解放社"的历史地位和作用》，载《国际共运史研究资料》1983年第2期，第30页。

③ 《格·瓦·普列汉诺夫遗著》第8卷第1册，1940年莫斯科版，第29页。另参见《关于出版〈现代社会主义丛书〉问题》以及列文的《马克思恩格斯著作的发表和出版》，周维译，北京：生活·读书·新知三联书店1976年版，第135页。

④ 《格·瓦·普列汉诺夫遗著》第8卷第1册，1940年莫斯科版，第29页。另参见《关于出版〈现代社会主义丛书〉问题》以及列文的《马克思恩格斯著作的发表和出版》，周维译，北京：生活·读书·新知三联书店1976年版，第136页。

⑤ 另外还有4本书，即恩格斯的《社会主义从空想到科学的发展》（1884年、1892年、1902年）、马克思的《关于自由贸易的演说》（1885年）、马克思的《哲学的贫困》（1886年）和恩格斯的《论俄国的社会问题》（1894年）。马克思和恩格斯的这5本著作分别是由普列汉诺夫和查苏利奇翻译完成的，前者翻译的是《关于自由贸易的演说》和《费尔巴哈论》，其余由查苏利奇翻译完成。

列汉诺夫给《费尔巴哈论》写的序言就有观点和立场上的错误，比如他认为普列汉诺夫提到的"象形文字论"就具有"康德主义的符号论"色彩，它是对"马克思主义的认识论"的修正。①

应该说，正是由于劳动解放社，马克思和恩格斯的著作才通过普列汉诺夫等人得到了通俗解释，推动了俄国马克思主义的产生和发展。列宁对此评价道："俄国的马克思主义是在十九世纪八十年代初期的一个侨民团体（劳动解放社）的著作中产生的。"② 这个团体则成了俄国"科学社会主义的奠基者、代表者和最忠实的捍卫者"③，它的理论活动为俄国的社会民主主义运动的发展和工人阶级政党的建立扫清了道路，因而在列宁看来它"在理论上为社会民主主义奠定了基础"，"走了迎接工人运动的第一步"。④

（二）第一次俄国革命时期《费尔巴哈论》的译介和传播

在劳动解放社解散之后，俄国紧接着进入了第一次革命时期（1905—1907 年）。列文认为，这一时期是"在俄国出版和传播马克思和恩格斯著作方面的新的标志"，由于革命形势的发展，政府逐渐放开管制，开始允许在俄国刊印马克思主义的著作。⑤ 在这一时期，马克思主义著作的翻译出版出现了一些新特征，除了像布尔什维克这样的马克思主义者出版马克思和恩格斯的著作，孟什维克也开始关注这一领域。一般来说，在此期间，马克思恩格斯的著作出版在俄国经历了三个阶段："（1）国外阶段，（2）受到审查阶段，（3）不受审查阶段。"⑥

---

① 参见〔苏〕列文：《马克思恩格斯著作的发表和出版》，周维译，北京：生活·读书·新知三联书店 1976 年版，第 133—134 页。
② 《列宁全集》第 15 卷，北京：人民出版社 1959 年版，第 367 页。
③ 周邦：《"劳动解放社"的历史地位和作用》，载《国际共运史研究资料》1983 年第 2 期，第 36 页。
④ 《列宁全集》第 20 卷，北京：人民出版社 1958 年版，第 275 页。
⑤ 〔苏〕列文：《马克思恩格斯著作的发表和出版》，周维译，北京：生活·读书·新知三联书店 1976 年版，第 135、154 页。
⑥ 〔苏〕列文：《马克思恩格斯著作的发表和出版》，周维译，北京：生活·读书·新知三联书店 1976 年版，第 160 页。

在第一个阶段（即国外阶段）的1905年7月，孟什维克编辑出版了一套《科学社会主义丛书》，其中包括恩格斯的《费尔巴哈论》。根据列文的看法，这一版本仍是普列汉诺夫翻译，并新加了长篇序言，扩充了注释，因此是一个相对完整的版本。但是由于普列汉诺夫与孟什维克主义发展的密切关联，所以他的序言和注释中包含着严重的错误，比如，他"把马克思和恩格斯的唯物主义解释成为独特的斯宾诺莎主义"，并对革命中无产阶级的领导权和领袖（即列宁）进行了攻击。然而，随着革命的失败，马克思和恩格斯的个别著作开始被取缔，其中包括恩格斯的《费尔巴哈论》。因而，被保留下来的主要是1905年以前的版本。①

（三）苏维埃建立后《费尔巴哈论》的翻译出版

随着十月革命的胜利和苏维埃制度的建立，在苏联党和国家领导人的关心下②，马克思和恩格斯著作的研究、译介和出版传播进入了一个新阶段，苏联不但建立了世界上第一个马克思恩格斯列宁学院，而且对其著作的出版更具规模。当时，国家给马克思恩格斯列宁学院及其杰出的领导人、著名马克思主义文献学家梁赞诺夫规定的任务是"收集、保存、研究和科学地发表马克思、恩格斯……的遗著"③。

为此，马恩学院建立了一个科学图书馆，并于1923—1926年间开始拍摄保存在德国社会民主党档案中保存的马克思恩格斯手稿和书信的原件。在广泛收集资料的基础上，马恩（列）研究院在1928年开始出版《马克思恩格斯全集》（俄文版第一版）以及《马克思恩格斯文库》

---

① 〔苏〕列文：《马克思恩格斯著作的发表和出版》，周维译，北京：生活·读书·新知三联书店1976年版，第167、161页。
② 比如，列宁早在1921年就询问梁赞诺夫关于马克思恩格斯的书信和著作的收集情况："你们图书馆里有没有从**各种报纸**和某些杂志上**搜集来的**马克思和恩格斯的**全部书信**？……有没有**全部书信的目录**？"2月2日，列宁再次给梁赞诺夫写信："……（5）我们有没有希望在莫斯科收集到马克思和恩格斯发表过的**全部材料**？（6）**在这里已经收集到的材料有没有目录**？（7）马克思和恩格斯的书信（或复印件）由我们来收集，此议是否可行？"参见《列宁全集》第50卷，北京：人民出版社1988年版，第107页。
③ 〔苏〕列文：《马克思恩格斯著作的发表和出版》，周维译，北京：生活·读书·新知三联书店1976年版，第172页。

（并不是 MEGA¹），后者主要收录的是马克思恩格斯之前没有发表过的原始文献。① 在苏联，马克思恩格斯著作的出版随着社会形势的变化不断变化，但苏维埃俄国始终重视马克思恩格斯等著作的出版。1933 年，苏联又出版了两卷本的《马克思恩格斯文选》，其主要收录的是"主要的（篇幅不大的）著作"，《费尔巴哈论》被收录于第一卷。

1948 年，国家政治书籍出版社出版了《费尔巴哈论》，其中收录了马克思的《关于费尔巴哈的提纲》。列文认为，这是一个最准确的版本，因为普列汉诺夫之前的译本已经根据德文原文进行了校订和修改。②

《费尔巴哈论》在《马克思恩格斯全集》俄文版的第一版和第二版中均被收录。在俄文版第一版中，它被收录于第 14 卷第 633—678 页，在第二版中被收录于第 21 卷第 267—317、370—371 页。

三 《费尔巴哈论》在国内的译介和传播

在 19 世纪末 20 世纪初，中国面临亡国灭种的大危机，如何走出这种危机，实现民族复兴，几乎成了近现代志士仁人的共同目标。经过数十年的探索，他们认识到只有开启民智、启蒙民众，才能实现救国之目标。毫无疑问，翻译介绍西方思潮是实现启蒙和救亡双重目的的重要途径。梁启超先生在《论译书》中写道："苟其处今日之天下，则必以译书为强国第一义，昭昭然也！"③ 实际上，在中国翻译史上占据重要地位、对中国翻译确定了标准的严复早就认识到了这一点，他指出："然终谓民智不开，则守旧维新两无一可。即使朝廷今日不行一事，抑所为皆非，但令在野之人后生英俊洞识中西实情者日多一日则炎黄种类未必

---

① 〔苏〕列文：《马克思恩格斯著作的发表和出版》，周维译，北京：生活·读书·新知三联书店 1976 年版，第 174—175 页。
② 〔苏〕列文：《马克思恩格斯著作的发表和出版》，周维译，北京：生活·读书·新知三联书店 1976 年版，第 201 页。
③ 梁启超：《论译书》，见《翻译研究论文集（1894—1948 年）》，北京：外语教学与研究出版社 1999 年版，第 10 页。

遂至沦胥；即不幸暂被羁縻，亦将有复苏之一日也。所以屏弃万缘，惟以译书自课。"① 在整个西学东渐的思想大潮和救亡图存的过程中，由于马克思主义的科学性以及在实践上取得的胜利，马克思主义经典著作的翻译同样受到了重视。而在马克思主义所有的经典著作中，恩格斯的《费尔巴哈论》成了最受关注且译本最多的著作之一。

（一）新中国成立前《费尔巴哈论》的中文版本

尽管在新中国成立前还没有国家作为后盾来支持马克思和恩格斯著作的翻译，但他们的著作仍然有不少人感兴趣，而且在某种程度上还不自觉地形成了一种"百花齐放"的局面。恩格斯的《费尔巴哈论》就有多个译本。兹根据出版时间列举如下：

最早的应该是彭嘉生先生的译本，上海南强书局于1929年初出版，书名为《费尔巴哈论》。② 这是一个非常完整的译本，附有恩格斯序言，而且译者在翻译过程中给四章分别加上了小标题："从黑格尔到费尔巴哈""观念论与唯物论""费尔巴哈的宗教哲学及伦理学"和"辩证法的唯物论"。此外，这个译本还有两点值得注意。一是它在附录中增加了五篇文献：（1）马克思的《费尔巴哈论纲》③，（2）恩格斯的《费尔巴哈论》补遗④，（3）恩格斯的《史的唯物论》⑤，（4）马克思的《法兰西唯物史论》⑥，（5）恩格斯的《马克思的唯物论及辩证法》⑦。二是它在正文前附上了董克尔撰写的《编者序言》（写于1927年2月），在

---

① 严复：《严复集》第三册，北京：中华书局1986年版，第525页。
② 有的研究文献认为，《费尔巴哈论》最早的中译本是林超真的译本（该译本的详细情况见下文），但根据笔者的考察，这里似乎存在一些误解。真正的译本应该是彭嘉生的译本。
③ 即马克思版本的《关于费尔巴哈的提纲》。——编者注
④ 编者未能考察出这部分的准确出处。
⑤ 根据译者的注释，这部分取自《社会主义从空想到科学的发展》（译者名之为《从空想到科学的社会主义底发展》）英译本1892年的序言。参见恩格斯：《费尔巴哈论》，彭嘉生译，上海：上海南强书局1929年版，第146页。
⑥ 即《神圣家族》中的"对法国唯物主义的批判的战斗"部分。
⑦ 根据译者的注释，这部分是从马克思的《经济学批判》的评论（1895年）中抄录出来的，但译者又指出恩格斯将这一评论发表于1859年《大众》（*Das Volk*）上。显然，这个解释存在着矛盾，因此，我们也未能完全判断出这一部分的准确出处，以后有待继续考证之。

书后附有译者后记（写于 1929 年 12 月）。这个译本是根据法国人赫尔曼·董克尔（Hermann Duncker）编辑的德文本翻译的，同时参照了英译本和日译本。① 这个译本分别在 1932 年和 1935 年进行了再版。中共中央马克思恩格斯列宁斯大林著作编译局（以下简称为"中央编译局"）图书馆收藏了该译本。②

同年 12 月出版了林超真的译本，其书名接近原书，为《费儿巴赫与德国古典哲学的末日》，而且附有恩格斯的序言、普列汉诺夫的序言（俄文本第二版序）以及《关于费尔巴哈的提纲》。③ 这个译本载于《宗教·哲学·社会主义》。这个译本是根据拉法格等人翻译的法译本翻译过来的④，而且译者在翻译时没有参考恩格斯的德文原文，只有部分内容与俄文进行了对照。

第三个译本是向省吾翻译，书名为《费尔巴哈与古典哲学的终末》。这个译本是全译文，但没有收录序言，该译本由上海江南书局于 1930 年 4 月出版。这个版本在目录中标上了五篇附录性文献，但在正文中却没有刊印出来。这个译本与彭嘉生的译本一样，附上了两个序言，即译者序（写于 1929 年 9 月）和编者序（亦即赫尔曼·唐克尔⑤所写序言）。这个译本依据的蓝本是德文《马克思主义文库》第 3 卷，同时参照了日译本。

---

① 为了让读者更加全面地了解早期译者的序言，我们在本书的附录"研究文献精选"中把董克尔的编者序言收录其中。客观讲，尽管这个编者序言与目前的研究比起来比较简略，但它也表明了早期人们对《费尔巴哈论》的关注（角度）。

② 参见《费尔巴哈论》，上海：上海南强书局 1929 年版。同时参见北京图书馆马列著作研究室编：《马克思恩格斯著作中译文综录》，北京：书目文献出版社 1983 年版。

③ 名为《马克思：费儿巴赫论纲要》，参见恩格斯：《宗教·哲学·社会主义》，林超真译，上海：亚东图书馆 1929 年版，第 229—372 页。

④ Fr. Engels, *Religion, Philosophie, Socialisme*, Traduit Par Paul et Laura Lafargue, Paris, Librairie G. Jacques et Oie, 1901.

⑤ 原文如此，即为董克尔，不同版本译法不同，保留原文译法。——编者注

第四个译本是杨东蓴①、宁敦伍翻译出版的《机械论的唯物批判论》，它是由上海昆仑书店于1932年5月出版，其中收录了除了马克思恩格斯之外的马克思主义者普列汉诺夫所写的注释。这本书在书后所附的附录最为全备，包括8篇文章：（1）马克思的《费尔巴哈论纲》，（2）恩格斯的《费尔巴哈论》补遗，（3）恩格斯的《史的唯物论》，（4）马克思的《法兰西唯物史论》，（5）恩格斯的《马克思的唯物论及辩证法》，（6）马克思的《费尔巴哈论纲原稿译文》，（7）马克思的《观念论的见解与唯物论的见解之对立》②，（8）《蒲列汉诺夫对费尔巴哈的序文和评注》。③ 书前有《发行者序言》，署名：赫尔曼·唐克尔。

第五个译本是青骊所译，由上海社会主义研究社于1932年11月出版，书名为《费尔巴哈论》。这个译本的最大特点是英汉对照，其中第31—97页为中译文，分四节，每节有标题，文前有序言。这本书的附录也收了马克思的《费尔巴哈论纲》，书前还有中译者序言（写于1932年11月20日）、英译者导言以及《社会主义名著译丛总序》。本书是根据黎威奥斯丁的英文本转译的。

第六个译本是摘译本，译者柳若水以黑格尔哲学批判为主题选取了费尔巴哈、马克思和恩格斯等人的十篇关于黑格尔哲学的著作，撷取其中的重要段落，翻译之后集结成册，书名为《黑格尔哲学批判》。这本书收录的是恩格斯的《费尔巴哈论》的第1节，并将之命名为《从黑

---

① 杨东蓴所翻译的最为人所熟知的著作是摩尔根的《古代社会》。摩尔根的书受到了马克思和恩格斯的高度关注，并被二人在不同的文献中大量引用。尽管人们没有研究《费尔巴哈论》与摩尔根的《古代社会》之间的关系，但众所周知，马克思和恩格斯对《古代社会》所做的研究成果都是在《费尔巴哈论》之前出版的，这两本书之间的关系，尽管在文本上没有直接相关性，但在思想上应该是一致的。

② 这部分内容出自《德意志意识形态》（原文译为《德意志观念形态论》）中的"费尔巴哈"章的"一般意识形态，特别是德国哲学"部分。

③ 普列汉诺夫所写的《费尔巴哈论》俄译本第一版序言和第二版序言都收录其中，但与第一版序言密切相关的注释没有收录。除此之外，这部书收录的附录内容与彭嘉生译本大体上相同，但内容更丰富。

格尔到费尔巴哈》(*von Hegel bis Feuerbach*)①。

第七个译本是韬奋摘译的《费尔巴哈论》第四章的一个脚注，篇名为《恩格斯的自白》，载《读书偶译》。②

第八个译本，同时也是对新中国成立后翻译的《费尔巴哈论》影响最大的译本，是由张仲实先生翻译、生活书店于1937年12月出版的。这本书甫一出版就受到欢迎和关注，因此时隔不久（1938年2月）就在汉口再版。这个译本是全译文，而且附上了序言，还附录马克思《关于费尔巴哈的提纲》，书前有译者序言（写于1937年8月1日），以及《伟大的哲学家》和《费尔巴哈与新兴哲学》两篇介绍文章。这个版本是竖排平装本，书名定为《费尔巴哈论》，书的扉页上印有"世界名著译丛之二"字样。接下来，在1938年4月，上海书店仍以《费尔巴哈论》为名进行了再版。这个版本目前由上海图书馆收藏。

接近新中国成立时，即1949年9月，北京解放社重印，但注明的却是初版。这一版仍为竖排平装本，但书名已经改成了《费尔巴哈与德国古典哲学的终结》（仍是全译文），而且这个版本附上了序言和马克思的《费尔巴哈论纲》，书前有译者序言（写于1949年6月8日），文中有著者注、俄文版编者注和译者注。本版根据《马克思恩格斯文选》（两卷本）1948年俄文版重新校正。

在新中国成立后，这个版本不断出版，根据资料显示，在新中国成立之后至少出现过多个版本，都是以新中国成立前的译本为基础进行的再版。现对这些版本列举如下：

（1）在新中国成立之初，《费尔巴哈论》就在1949年11月出版了解放社上海版的竖排平装本。这个版本是根据1949年9月校正版重印的，本版现收藏于浙江省图书馆。（2）解放社于1949年11月出

---

① 参见《黑格尔哲学批判》，上海：辛垦书店1935年版，第172—189页。其中收录了费尔巴哈的《黑格尔哲学批判》，马克思的《黑格尔法律哲学批判导言》（即《黑格尔法哲学批判导言》）、《黑格尔辩证法及哲学一般之批判》（即《1844年经济学哲学手稿》中的《对黑格尔的辩证法和整个哲学的批判》）和《黑格尔现象学批判草案》，恩格斯的《关于黑格尔》和《从黑格尔到费尔巴哈》。

② 参见韬奋编译：《读书偶译》，上海：韬奋出版社1937年版，第119页。

版了大连版的竖排平装本,这个版本也是根据1949年9月校正版重印的,目前该版由中央编译局图书馆收藏。(3) 根据资料显示,北京人民出版社于1949年9月出版了《费尔巴哈与德国古典哲学的终结》(第一版),书后附有《译者后记》(写于1953年3月3日),书名根据《马克思恩格斯文选》(两卷本)俄文版校订,并经陈昌浩校阅。1954年8月,北京人民出版社出版了第二版。1957年10月,北京人民出版社第三版,尽管书名是《费尔巴哈与德国古典哲学的终结》,但书后附加上了65条注释和人名索引以及《普列汉诺夫为恩格斯〈费尔巴哈与德国古典哲学的终结〉一书俄译本所写的序言和注释》和《对普列汉诺夫译文的注释》,译者于1956年9月24日为第三版写了《中译本第三版校订后记》。(4) 1964年6月,人民出版社出版大字本的《费尔巴哈论》,共分为2册,为横排函装本,并于1965年1月改版,书名为《费尔巴哈与德国古典哲学的终结》,书后附注释(87条)和人名索引,以及《普列汉诺夫为恩格斯〈费尔巴哈与德国古典哲学的终结〉一书俄译本所写的序言和注释》,本书马恩著作部分是张仲实译,经中共中央编译局根据《马克思恩格斯全集》俄文第二版第21卷和第3卷做了一些校订,并采用了有关本书的注释,书后普列汉诺夫为本书俄译本缩写的序言和注释部分是由中共中央编译局根据《普列汉诺夫哲学著作选集》第1卷和《普列汉诺夫全集》第18卷俄文版译出的。

第九个译本是由曹真翻译、上海文源出版社于1949年10月出版的竖排平装本《费儿巴赫》,书后附上了马克思的《费儿巴赫论纲要》(即《关于费尔巴哈的提纲》),但是这个版本没有刊印恩格斯后来写的序言。

新中国成立前最后一个译本是著名文学家周建人摘译的版本,摘译的内容仅有第2章前半部分和第4章前半部分,篇名为《鲁德维息·费尔巴哈》,著者译为"恩格尔斯"。这个版本载于英·E.朋司编辑的《新哲学手册》(第6—19页)。

(二) 新中国成立以后《费尔巴哈论》的翻译出版

新中国成立后，为了更全面系统地传播马克思主义，巩固马克思主义指导思想的地位，中共中央于1953年成立了中央编译局，开始组织对马克思恩格斯等马克思主义经典作家著作的翻译、出版等工作。除了张仲实的译本在新中国成立后仍然在不断再版之外，还有一些版本值得注意。其中之一是集体翻译、唯真校订的《费尔巴哈与德国古典哲学的终结》，这个版本载于《马克思恩格斯文选》第2卷（1965年），并且附加上了序言。其二就是目前我们看到的《马克思恩格斯全集》中文版第一版。《马克思恩格斯全集》是在《马克思恩格斯全集》俄文版第二版的基础上翻译过来的，时间持续了将近30年（最早于1956年出版的《马克思恩格斯全集》第3卷至1985年出版的多个卷次）。①《费尔巴哈论》收录于1965年9月出版的《马克思恩格斯全集》第21卷，其中全面收录了《费尔巴哈和德国古典哲学的终结》的全文及其《序言》。这个版本是在张仲实的译本的基础上根据《马克思恩格斯全集》德文版第21卷校订的，校订时还参考了俄、英等译文和其他有关的中译文。

1972年4月，北京人民出版社出版了一个横排平装本，其中包括正文、序言以及马克思的《关于费尔巴哈的提纲》，后面还附上了33条注释以及几篇附录，其中包括：（1）《普列汉诺夫为恩格斯〈费尔巴哈与德国古典哲学的终结〉一书俄译本所写的序言和注释》，（2）《〈普列汉诺夫哲学著作选集〉俄文版编者为普列汉诺夫的序言和注释所加的注释》。最后是在1972年出版《马克思恩格斯选集》时，编选者把《费尔巴哈论》（包括序言在内）又收录其中。

新中国成立后除了上述中译本之外，民族出版社根据中共中央编译

---

① 相关资料参见中央编译局网站，http://www.cctb.net/wxzl/jd/maen/。

局的中译本翻译、出版了多个民族语言的版本,其中包括蒙文版(1975年3月)、藏文版(1980年4月)、维吾尔文版(1975年10月)、朝鲜文版(1974年10月)、哈萨克文版(1980年2月)等民族文字译本。内蒙古人民出版社于1957年4月出版蒙古人民共和国达什多尔吉译的蒙文译本。

尽管《费尔巴哈论》已经有多个版本,但新中国的编译和研究人员并没有停止对它进行完善。在这里有两个小例子可以证明国内马克思主义研究翻译人员在完善《费尔巴哈论》中译本上所做的努力。

第一个例子是关于"哲学的基本问题"及其相关内容之翻译的不断完善。众所周知,像《费尔巴哈论》这样的经典著作往往会有多个译本,通过对比能够发现,后来的译本整体上明显优于之前的译本。就拿"哲学的基本问题"的翻译来说,较早的林超真的译本是这样翻译的:"一切哲学尤其是近代哲学之根本大问题,就是关于思想和真实的关系问题,换一句话说,也就是精神和物质的关系问题。……那些认为物质——自然界——本来存在的哲学家就属于唯物论的各派。"① 张仲实的译本对这一内容的翻译如下:"一切哲学,特别是近代哲学的最重大的根本问题,便是思维对存在的关系问题。……凡承认自然界为基本东西的,则属于各种不同的唯物论。"② 目前我们最常见的译本是这样翻译的:"全部哲学,特别是近代哲学的重大的基本问题,是思维和存在的关系问题。……凡是认为自然界是本原的,则属于唯物主义的各种派别。"③ 正如人们所指出的那样,其中变化最为突出的是"本原"的翻译——它"从最初的'精神先存在',到后来的'精神'先于自然界

---

① 林超真编译:《宗教·哲学·社会主义》,上海:亚东图书馆1929年版,第299—301页。
② 《费尔巴哈和德国古典哲学的终结》,张仲实译,上海:解放社1949年版,第34—36页。
③ 《马克思恩格斯文集》第4卷,北京:人民出版社2009年版,第277—278页。

而存在，再到'精神对自然界来说是本原的'，这里显然……是概念意思上的改变。"① 这种术语的遴选和修改证明，《费尔巴哈论》的翻译已经达到了相当高度水准。

第二个例子是一篇整体讨论《费尔巴哈论》译本改动的文章——《〈费尔巴哈论〉译文的修改情况》②。中央编译局的编译人员所撰写《〈费尔巴哈论〉译文的修改情况》针对的是《马克思恩格斯选集》第4卷译文存在的两个主要问题：其一是对之前不确切的译文进行修订，其二是对原译文中遗留的俄文的表达方式进行了修订。③ 应该说，编译人员对以前译文中的一些不准确甚至错误的地方进行了校正，有些校正仅仅是字面上的修改，有一些则是根本性的改变。比如第一种情况，有这样一句话，"Ebensowenig wie die Erkenntnis kann die Geschichte einen vollendenden Abschluss finden in einem vollkommen Idealzustand der Menschheit"。这句话最初被译为："历史同认识一样，永远不会**把人类的某种完美的理想状态看作尽善尽美的**"，但这句话的真正内涵是："历史不会达到完美的理想状态而终结"，据此，他们把原译文改为"历史同认识一样，永远不会**在人类的一种完美的理想状态中结束**"。④

对于第二种情况，俄文译文在翻译过程中可能就存在着问题。比如："Die Menschen machen ihre Geschichte, wie diese auch immer ausfalle,

---

① 徐素华：《马克思恩格斯著作在中国的传播：MEGA² 视野下的文本、文献、语义学研究》，北京：中国社会科学出版社2013年版，第119—120页。在这部分，尽管我在查看到徐素华引用的几个译本之前已经注意到了这些区别，但本文在这里仍直接采用了徐素华的研究成果。

② 这篇文章作为附录收录于吴振海主编：《〈费尔巴哈论〉教程》，天津：天津人民出版社1987年版，第214—252页。此文最初发表于《马列著作编译资料》第2辑，北京：人民出版社1979年版。本书在这一部分基本上摘录的是这篇文章的内容。

③ 众所周知，《费尔巴哈论》的最初中译本是从俄文转译过来的。如果说我们像伽达默尔所说的那样认为文本具有不可译性，那么转译就会出现更多的问题。或许这就是人们强调要回到（原始）文本，并强调要以 MEGA² 来翻译《费尔巴哈论》的最根本原因。

④ 吴振海主编：《〈费尔巴哈论〉教程》，第246页；另参见《马克思恩格斯文集》第4卷，北京：人民出版社2009年版，第270页。

indem jeder seine eignen, bewusst gewollten Zwecke verfolgt, und die Resultante dieser vielen in verschiedenen Richtungen agierenden Willen und ihrer mannigfachen Einwirkung auf die Aussenwelt ist eben die Geschichte."这段话最初译为:"人们通过每一个人追求他自己的、自觉预期的目的而创造自己的历史,却不管这种历史的结局如何,而这许多按不同方向活动的愿望及其对外部世界的各种各样影响所产生的**结果**,就是历史。"后来编译组人员将之改译为:"无论历史的结局如何,人们总是通过每一个人追求他自己的、自觉预期的目的来创造他们的历史,而这许多按不同方向活动的愿望及其对外部世界的各种各样作用的**合力**,就是历史。"① 对于这句话,我们来看一看关键词"Einwirkung",如果将之译为"影响",从字面上看似乎也没有什么错误,但是如果将之译为"合力",那么这会解决人们对唯物史观的攻击,并处理好个人意志与历史规律之间的辩证关系。应该说,这是一个较好的处理方式。但是,这篇文章中的一些改译也有一些不尽如人意之处。比如:"Wie in Frankreich im achtzehenten, so leitete auch in Deutschland im neunzehnten Jahrhundert die philosophische Revolution den politischen Zusammenbruch ein."原文曾译为:"正像在十八世纪的法国一样,在十九世纪的德国,哲学革命也作了政治变革的前导",编译组成员将之改为:"正像在十八世纪的法国一样,在十九世纪的德国,哲学革命也作了政治崩溃的前导。"② 但是我们如果再考察一下最新的中译本就会发现,译文仍然保留了"政治变革"的译法。实际上,如果我们根据恩格斯文章的现实语境不难看出,"变革"仍然是一个更加恰当的译法。

---

① 参见吴振海主编:《〈费尔巴哈论〉教程》,第251—252页;《马克思恩格斯文集》第4卷,北京:人民出版社2009年版,第302页。
② 吴振海主编:《〈费尔巴哈论〉教程》,第251页;《马克思恩格斯文集》第4卷,第267页。现在的译文是:"正像在18世纪的法国一样,在19世纪的德国,哲学革命也作了政治变革的前导。"

（三）"Ausgang"的翻译问题：一个个案

《费尔巴哈论》的德文全称是：*Ludwig Feuerbach und der Ausgang der klassischen deutschen Philosophie*。尽管我们在上文已经提到了翻译人员对《费尔巴哈论》中很多核心思想和术语的翻译进行了反复斟酌，无疑，这对我们准确把握恩格斯的思想非常关键，但还有一个关键术语的翻译及其理解需要给予重点关注，那就是究竟如何翻译和理解恩格斯这篇论著之题目中的术语"Ausgang"。

根据《新德汉词典》，"Ausgang"的含义有 8 项之多，其中与《费尔巴哈论》相关的包括："结果、结局"，"末端、尽头……（一个时期的）末尾、结束"，"出口、出口处"以及"开端、起点、出发点"等含义。在《费尔巴哈论》中，最贴近的含义应该是"（一个时期的）末尾、结束"，这个时期可以理解为"德国古典哲学时期"。但是，如果认为恩格斯在使用"Ausgang"时仅指这个时期的结束，那么有一些问题是难以理解的，比如对黑格尔以及青年黑格尔派之思想的理解和评价问题。① 但从另外一个角度来看，这个术语毕竟还包含着另外一个含义——"开端、起点、出发点"。这是不是意味着，恩格斯是在指证费尔巴哈的唯物主义哲学为当时的哲学思想在思辨哲学领域内绕圈子指出了一条新的路向呢？这一点在《费尔巴哈论》的结尾处似乎能够得到

---

① 我们在恩格斯晚年的很多著作中都看到，对黑格尔以及马克思批判尤甚的布鲁诺·鲍威尔，恩格斯都给予了较高的（同时也是较为客观的）评价。对于黑格尔及其哲学的积极评价，我们在《费尔巴哈论》中就能够窥见一斑，比如他在直陈黑格尔及其哲学的巨大影响时指出："可以理解，黑格尔的体系在德国的富有哲学味道的气氛中曾发生了多么巨大的影响。这是一次胜利进军，它延续了几十年，而且决没有随着黑格尔的逝世而停止。"（《马克思恩格斯文集》第 4 卷，北京：人民出版社 2009 年版，第 273 页。）其中，我们还看到了恩格斯对青年黑格尔派的褒扬。除此之外，恩格斯还专门撰文赞扬鲍威尔在思想领域中的革命性作用。在 1882 年 4 月份撰写的《布鲁诺·鲍威尔和早期基督教》一文中，恩格斯对鲍威尔的历史价值和地位给予了较高的评价，他认为，尽管人们（即官方神学家）对鲍威尔的逝世持有一种冷漠的态度，但是后者"比所有这些人更有价值"。因为在解决早期基督教如何能够产生并取得历史统治地位，并使之从一个被压迫阶级的宗教转变为"罗马世界专制皇帝的最好手段"问题上，"布鲁诺·鲍威尔的贡献比任何人大得多"，尽管这些研究仍然存在这样或那样的问题。参见《马克思恩格斯全集》第 19 卷，北京：人民出版社 1963 年版，第 327—329 页。

佐证，因为恩格斯在那里指出，在"有教养的"阶级抛弃理论转向实践的过程中，德国人似乎失去了理论兴趣。但在他看来，"德国人的理论兴趣，只是在工人阶级中还没有衰退，继续存在着。在这里，它是根除不了的"。而且只有德国的工人阶级及其主导的社会运动才是真正的"德国古典哲学的继承者"。① 在某种意义上，德国古典哲学在终结的地方直接指向了另外一个出路，那就是马克思主义。

但是在翻译过程中，由于理解上的问题，各种版本的不同译法却导致了各种误解。比如在英文版中，较为流行的译本对"Ausgang"的就有两种译法，一种是译为"Outcome"（结果、成果），另外一种就是"End"（终结、目的）。但是，《马克思恩格斯全集》中文版在翻译这个术语时，基本上采取的是第二种译法，即将"Ausgang"译为"终结"。然而，这种翻译却最终导致了人们对马克思和恩格斯对待德国古典哲学甚至是对哲学的态度产生了误解。因为，根据后一种译法，德国哲学（尤其是思辨的观念论哲学）随着马克思主义的出现已然消亡，从此以后再没有哲学可言。

正是为了矫正上述翻译所带来的理解上的误解，所以一些专业的哲学家兼翻译家才主张重新理解这个术语，矫正以前的翻译。贺麟先生即为一例。根据他的回忆，中央编译局和中央党校专门就《费尔巴哈论》的翻译修改召开了一个研讨会，他在会上指出，"Ausgang""译为'出发'或'出路'比较合适"，他的理由除了"Ausgang"的本义外，还有两个文本上的证明，其一是"至于费尔巴哈，虽然他在好些方面是黑格尔哲学和我们的观点之间的中间环节"；其二是"在这种情况下，我感到越来越有必要把我们同黑格尔哲学的关系，我们怎样从这一哲学出发又怎样同它脱离，作一个简要而又系统的阐述"。② 贺麟先生指出，根据恩格斯的论述，费尔巴哈在黑格尔哲学和马克思主义哲学之间作为中间环节确实起到了重要作用。既然是中间环节，那么题中应有之义

---

① 《马克思恩格斯文集》第4卷，北京：人民出版社2009年版，第312—313页。
② 《马克思恩格斯文集》第4卷，北京：人民出版社2009年版，第265—266页。

是，它既非某个理论体系的开端，也不是一个理论的终结点，它仅仅是为某个走到穷途末路的哲学找到一个桥梁。① 不难看出，贺麟先生的理解与恩格斯的解释是一致的。

如果将贺麟先生的观点加以拓展和具体化，那么对于费尔巴哈来说，他在以黑格尔为核心的德国古典哲学中确实起到了桥梁作用，因为当思辨哲学在面对幽暗闭塞的社会现实面前而无所作为时，就必须寻找另外一个出路。找到这个出路的人，恩格斯看来，就是费尔巴哈，而这个出路，就是他的"唯物主义"。如若要把"Ausgang"翻译为"终结"，那么这种"终结"也仅仅是针对以黑格尔哲学为代表的思辨哲学的"终结"，而不是整个西方哲学思想，甚至不是其他哲学体系的终结。② 但对于西方哲学中的其他哲学流派来说，费尔巴哈甚至对其产生和发展没有产生任何影响。③

也许正是认识到了这一点。朱光潜先生才提出了与贺麟先生译法不同、内涵一致的译法，即"结果"或"成果"。朱先生也通过马克思恩格斯的文献指出，把"Ausgang"译为"终结"或"终点"的译法显然没有充分考察到原作者的意图，因为不管是在马克思的《资本论》中，还是在《费尔巴哈论》中，都不能让马克思和恩格斯的理论达到内在的一致性。朱光潜进而指出，英、法、俄等译本对"Ausgang"的翻译都不准确，中文更是以讹传讹。在"1962年柏林德国科学院新出版的多卷本《现代德语大词典》"中，在例证"Ausgang"的第44项的含义时，列举的就是恩格斯的《费尔巴哈论》，在这里它的含义是"一个时间段落"，同时通过对照1964年出版的马克思的《1844年经济学哲

---

① 中央编译局马克思恩格斯室编：《马克思恩格斯著作在中国的传播》，北京：人民出版社1983年版，第176—177页。

② 我们在下文将会指出，就算是费尔巴哈，也没有完全"终结"黑格尔派哲学或"唯心主义"，因为他在实践领域仍然在继续坚持"唯心主义"。这也是马克思恩格斯批判费尔巴哈"半截子唯物主义"的原因之一。

③ 比如，费尔巴哈同时代的叔本华和尼采的意志论哲学甚至之后的现象学等都仍然在西方哲学传统中占据着重要甚至是主流位置。

学手稿》的译本，得出了译为"结果"或"成果"更为合理的结论。①尽管这种译法也具有一定的模糊性——在中文当中，人们很少将"结果"或"成果"理解为阶段性的，而是一般将之理解为结论性的——但这毕竟肯定了德国古典哲学的价值和意义，因而也为开放性理解它留下了空间。

通过"Ausgang"的翻译不难看出，包括《费尔巴哈论》在内的马克思恩格斯著述的中文译本在翻译者和研究专家的努力下变得越来越准确可信。所以我们有理由相信，随着整体编译水平的提高，人们不再经过转译（主要是经过俄文版和日文版等），而是越来越直接面对最初乃至最原始的文本——《马克思恩格斯全集》中文第二版基本上是依据原文（即最权威的版本 MEGA²）翻译过来的——所以《马克思恩格斯全集》第二版的翻译应该是值得信赖的，当然前提是在翻译过程中必须充分借鉴前人的研究、翻译成果。当然，由于收录《费尔巴哈论》的 MEGA² 第 I 部门第 30 卷刚刚于 2011 年出版，《马克思恩格斯全集》第二版还没有翻译和出版这一文献，所以未来是值得期待的。②

(本文来自 2016 年中央编译出版社出版的田毅松所著《恩格斯〈路德维希·费尔巴哈和德国古典哲学的终结〉研究读本》有关内容。）

---

① 关于马克思，这里指的是他在《资本论》第 1 卷第二版的跋中对黑格尔及其哲学的尊重和强调——"我公开承认我是这位大思想家的学生，并且在关于价值理论的一章中，有些地方我甚至卖弄起黑格尔特有的表达方式。辩证法在黑格尔手中神秘化了，但这决没有妨碍他第一个全面地有意识地叙述了辩证法的一般运动形式。"（《马克思恩格斯文集》第 5 卷，北京：人民出版社 2009 年版，第 22 页）关于恩格斯，指的则是在《费尔巴哈论》结尾处的论断——"德国的工人运动是德国古典哲学的继承者。"（《马克思恩格斯文集》第 4 卷，北京：人民出版社 2009 年版，第 313 页。朱光潜：《美学拾穗集》，北京：百花文艺出版社 1980 年版，第 43—44 页。)

② 值得注意的是，尽管有些版本在 MEGA² 中已经有了最新版本，但这些最新成果在最新翻译的马克思恩格斯文献中并没有体现出来。比如《资本论》及其手稿在 MEGA² 中作为一个部门单独列出，并且已经完全出齐，然而有的学者指出，不管是《马克思恩格斯全集》第二版的第 44—46 卷，还是《马克思恩格斯文集》第 5—7 卷，都没有吸收 MEGA² 的编辑成果。

費爾巴哈古典哲學終末

向省吾譯

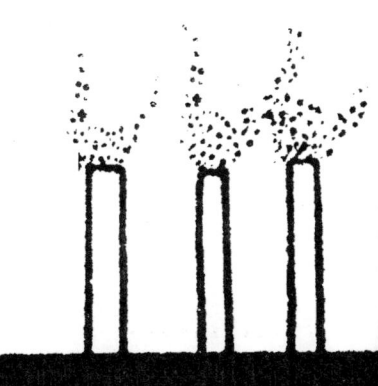

江南文庫 2

費爾巴哈
古典哲學終末

恩格斯著

向省吾譯

上 海
江南書店印行
1930

1930，3，1，付排
1930，4，1，初版
1——2000册

[版權所有]

每册實價大洋三角半

費爾巴哈
末終學哲典古

目　錄

譯者序

編輯者序

著者序

1　從黑格爾到費爾巴哈

2　唯心論與唯物論

3　費爾巴哈的宗教哲學和倫理學

4　辯證法的唯物論

費爾巴哈與古典哲學的終末

附錄 (馬克思,昻格爾斯唯物論的資料)

馬克思:費爾巴哈論。

昻格爾斯:"致唯巴哈論"的拾遺。

昻格爾斯:唯物史觀論。

馬克思:法國唯物論史。

昻格爾斯:馬克思的唯物論與辯證法。

譯 者 序

這部書的重要性,是怎樣的偉大,這在編輯者的序文中詳細的敍明着,不消譯者多說。中國是一個半殖民的國家。牠在現在是已經不甘心誠服於帝國主義者及其走狗的壓迫了。牠正在以冲天破海的聲勢企圖推翻帝國主義者在中國的統治,牠正在與國內一切惡勢力作殊死的鬥爭。這種巨大革命的運動,固然是根據着牠物質的經濟的基礎（而能使我們達到這種見解的，自然是馬克思和昂格爾斯）。然而在凡一切革命的鬥爭運動期內及這種革命運動未公然的表現出來以前，都必得有一種精神的先覺者，來指導及促進這種運動，換言之，必得有代表這種革命階級的思想家，來供給這種革命階級以精神上的糧秣，然而誰供給大多數中國民衆以這種精神上的糧秣呢？這當然不是中國從彼大聖大賢的孔孟。若拿他們的思想來依然罩住中國的民衆，那末，就等於企圖永遠把中國做爲帝國主義者的牛馬。但是所謂歐美的先哲先賢的思想，又怎麼樣呢？這些先哲先賢的弟子們，其在歐美，早已成爲了現在支配者的辯護人，他們的思想，正是搾取階級的鎭靡萬靈藥。然而這些支配者又是誰呢？他們便正是壓迫和搾取中國大多數民衆的帝國主義者。試問，代表這些人們的思想家，是否能够供給中國革命民衆以精神上的糧粖呢!？當然不能。於是便只有與帝國主義者爲不共戴天的敵人——革命階級的思想家（馬克思），纔能眞正成爲中國革命民衆的先覺者。只有這這一派的思想，纔能適合中國民衆的胃口。這決不是譯者說謊。我們只要看看目前的事實——馬克思主義的社會科學决水般似的流入中國——便可以明瞭這個。

然而根據中國落後的經濟基礎，一切"精神文明"，都要比較落後，遠不及歐美諸國（有些人說，歐美只有物質文明，沒有像東洋樣的"精神文明"——這種說法，自然有其階級的意義）。而在社會科學：經濟學，哲學等等，也自然不是例外。中國方面的"精神文明"，既這樣落後，同時中國民衆對於精神糧粖的要求，又這樣的迫切。所以，他們實有饑不擇食的傾向。

但是我們又看看，晚近關於馬克思主義的一切科學的著作，是否都眞正能夠依據馬克思辯證法唯物論的基礎，站在革命階級的立場呢？不然不然。一切歷史上的支配者，對於代表被壓迫者的利益的思想，都曾採用了"保其形式去其內容"的策略。萬惡狡詐的帝國主義的資產階級，自然也採用同樣的方法，來對付馬克思主義的思想。尤其是辯證法的唯物論，成為他們的目中之釘。一去了這顆目中釘，馬克思主義的一切科學，便失去了牠的革命性質，便成為了支配階級的御用學問。看看呵！國際的社會民主主義者們，不是在那裏大聲叫着社會主義的平和發展！英勞動黨內閣，不是在那裏替帝國主義者開軍縮會議！

帝國主義者們在他們國內旣已造出那御用的"馬克思主義者"，旣已那樣的流毒了革命的民衆，那末，誰敢斷言，這種"馬克思主義者"的思想，不流毒於中國飢不擇食的民衆麽？尤其是近來輸入于中國的馬克思主義的著作，大多數不是馬克思和昂格爾斯的原著，而是出自於亞流（？）馬克思主義者的手作，越發令人抱這種恐懼。所以，這部書的介紹，可以說是"正合時宜"。

這部翻譯的原本，用的是 Marxistieehe Biblisthek Band III Friedrich Engels: Ludwig Feuerback undder Ausgang der klassischen Philosophie（馬克思主義文庫，第三卷，昂格爾斯著：費爾巴哈與古典哲學的終末）。本文的翻譯，參照了日文的兩種譯本（估野文夫氏的與版本勝氏的）。附錄中的諸論文，則除了第二篇（"費爾巴哈論"的拾遺）以外，都參照了日譯（這都收錄在日譯馬克思昂格爾斯全集內，譯文都有些錯誤，而尤以河野密的譯文為尤甚）。

一九二九年九月於日本東京　向省吾序

編輯者序

現在的一般讀書界,已經不是爲研究哲學家的費爾巴哈而讀昂格爾斯的"費爾巴哈論"了。費爾巴哈的重要性,比之於他在前一世紀四十年代當時的聲價,現在已喪失了許多。在支配階級方面看來,費爾巴哈的當時對於宗教和敎會的鬥爭,實太過於激烈了。所以他們遮斷了他的講學之路而使他慢慢的餓死下去。但是,在他一方面，費爾巴哈却又趕不上當時的革命的工人階級。因此，這位過着隱遁生活的自由思想家和無神論者，逐不能奮然起來，去直接的參加那無產階級的階級鬥爭。因此，費爾巴哈便站在兩道戰線的中間。因此，他便從歷史的進步，落伍下來。他的主要著作"基督教的本質"（這在一八四一，一八四三，及一八四九年，出到第三版。而到了一八八三年纔出至第四版），雖則於一九〇四年在 Reclam 出版部發行了一次民衆版，但是現在却不大流行於一般讀書界。而這種事情是不大對的。爲甚麼呢？因爲這部書確實是對於教會的信仰及乖違的宗教思想的一部如火如荼的鬥爭書籍。

在近代的精神史方面，費爾巴黑實爲韓格爾和馬克思間——辯證法的唯心論同辯證的唯物論間的媒介物而占着重要的地位。但是我們只能在一個極短的期間內，纔可以正當的稱馬

編輯者序

克思和昂格爾斯爲"費爾巴哈主義者"。馬克思在一八四五年便已趕過了費爾巴哈而向前進了。這一事實的明證,便是馬克思的關於費爾巴哈的有名綱領及——尤其是——最近李亞莎洛夫在馬克思遺稿中所發見的"德國觀念形態論"中關於費爾巴哈的一部分。而這一篇爭論式的論文,是馬克思和昂格爾斯在一八四五年——四六年共同寫下來的。但是全部從來都沒有發表過。

我們在這里暫且不必追求馬克思主義之一方面對於韓格爾辯證法及他方面對於費爾巴哈唯物論的關係。而且同時也不必去詳細追討馬克思的怎樣把費爾巴哈抽象的唯物論擴張到具體的歷史的唯物論。這種事情,在昂格爾斯的論文中,便已詳細的敍述過了。但是,無論如何,我們在這里總覺得應當的根據近來所公表的文獻(書簡集及其他)而舉出一些事實,來證明馬克思及昂格爾斯對於費爾巴哈的私人關係。

給馬克思和昂格爾斯以絕對重大影響的，究竟是費爾巴哈的那一部著作呢？昂格爾斯在這一部書中，僅僅只談到費爾巴哈的"基督教的本質"（一八四一年）。而馬克思也只在他給費爾巴哈的一封信中（只有這封信，還殘留着。而在這當中，馬克思強硬的要求費爾巴哈對薛林〔Schelling〕加以批評），稍稍提及於一八四三年所刊行的"宗教的本質"第二版的序文。（註）

註，加爾，顧留編："費爾巴哈的書簡及遺稿"。（拉布撒黑，一八七四年，第一卷，三六〇頁，馬克思於一八四三年十月三十日給費爾巴哈的書）。

滿林（Mehring）在他出版的馬克思，昂格爾斯的遺稿集中（第一卷，三三六頁，而在馬克思傳記中則爲五四頁），極其正確的，證明了：費爾巴哈的"對於哲學的改革的暫定綱領"，實給馬克思以一最大的印象。這些綱領，詳載於羅格的

"最近德國哲學及雜誌學珍奇錄"的一八四三年三月的一項中。並且，這部辭書還包含着馬克思的第一次的政治論文："對於最近普魯斯檢閱條例的評論"。但是在一年以前的一八四二年三月二十日，馬克思就已經同羅格約定要做一篇關於"宗敎的藝術"的論文（這一論文，從沒有發表過呢！），並且還同時說：

"在這一論文的本文中，我必定要論述宗敎之一般的本質。而在那裏，我會同費爾巴哈多少要發生一下衝突。但這種衝突，不是關於原則的，而是關於原則之認識方法的。總而言之，在那裏，宗敎是要吃虧的。"（參看伯爾斯達因的"社會主義文獻"，第一卷，一九〇二年五月，三八九頁。）

關於上述的費爾巴哈的綱領，馬克思又在一八四三年三月十三日給羅格的信中，寫着：

"在我看來，費爾巴哈的格言的不妥地方，

只是在太說多了自然而太說少了政治。然而關於政治的研究，正是一種能使現在哲學成爲眞理的唯一的樞紐。"（社會主義文獻，第一卷，三九七頁）

並且在這裏，我們還順便從這些關於費爾巴哈的綱領中抽出一個命題，也很有意思。在這裏說：

"思維是從存在發生，而決不是思維生出存在。"（費爾巴哈全集，一九〇四年刊，第二卷，二三九頁）

在馬克思的唯物史觀的有名的核心命題中間，又生出了一個反對命題。這個命題說：

"不有人們的意識規定人們的存在，而反是人們之社會的存在，規定人們的意識。"（馬克思的"經濟學批評"的序文，一八五九年）

但是，馬克思的這些命題是怎樣的較爲具體，較爲深刻呢？我們一把費爾巴哈的同馬克思的這兩個命題對比起來的時候，便明瞭他們在精神上的類似點以及馬克思的巨大的優越性。

在我們未敍述馬克思和昂格爾斯關於費爾巴哈交換了怎樣的思想之前，我們在這裏還想先行確定，昂格爾斯最初在甚麼地方提及了費爾巴哈。昂格爾斯，在一八三九年給一友人的函中還說"我現在是一個熱心的史托拉斯的門徒"(註一)（史托拉斯的自由主義的諸論文，對於一個受着嚴格的宗敎敎育而對於宗敎諸問題非常煩悶的靑年，竟給與了一這樣的大影響）。因此，我們可以忖想，他一直在一八四一年到一八四二年間的逗留柏林期內，纔開始知道讀讀費爾巴哈的著作。在那個地方的初期韓格爾學徒的中間，換言之，在"自由思想家"的團體中間，他便受着了費爾巴哈的"宗敎的本質"之自由的影響。他說"一般的都是極其感激：我們都成了暫時的費爾巴哈的信徒。"而且在那個時候，昂格爾斯還在他的帶有諷示意思的基督敎的英雄詩（一八四二年四月）——詩名叫做"受了極大感謝但是意外的免於患難的聖經"——中，把費爾巴哈直抬高到一個對抗偽信的戰爭的指導者的地位。在那裏，他批評着費爾巴哈說：

"他自身是一枝大胆無敵的無神論者的全軍，

他自身是載滿了一部神祕的魔術帳簿的寶珍，

他自身是一瀉充溢着誹謗和侮辱的整個流水，

這便是——託尾聖約翰的庇護呵！——可怕的費爾巴哈。"（註二）

　　註一，昂格爾斯的"初期著作集"（Gustav Mayer 發行，柏林，一九二〇年，七七頁）

　　註二，昂格爾斯的"初期著作集"，二二六頁。

此外，昂格爾斯還在他的另一著作，這一著

作，他在上述時代，同樣的用假名發表出來)：
"薛林與啓示，對於企圖反抗自由哲學的最近反動思想的批評"(拉布撤黑，平談爾書店，一八四二年)當中，再三的論述着韓格爾的"最近繼起者"——費爾巴哈，而且專門的討論着費爾巴黑的"基督教的本質"。

"所以，費爾巴哈的對於基督教的批評，是對於韓格爾所創立的冥想宗教論的一種必然的補充。……費爾巴哈把宗教方面的諸種規定還原到主觀的人們的關係。"(五二頁)

當時，昂格爾斯似乎比之於馬克思，還更要執拗的拘泥於費爾巴哈(註一)。所以，他的對於費爾巴哈的批評，却比較的越發遲了一些。

註一，比方參照德法年報(一八四四年)中間的昂格爾斯"英國的狀態"的最後一篇(馬克思，昂格爾斯遺稿集第一卷四八二頁以下)。在這里，昂格爾斯還述及着

費爾巴哈的綱領。

馬克思和昂格爾斯，到一八四四年九月，纔開始互相通信。當時他們兩人正在想對於鮑爾做一大規模的文筆的結算："神聖的家族，或批評的批評之批評。——對於鮑爾及其一派的反駁"（一八四五年）。這一部書的序文的冠頭一句，便高揭着費爾巴哈之人道主義的標語："德國眞的人道主義之最利害的敵人，卽是唯心論"。而這一序文的年月日，正是那一八四四年的元月。在他們於這一年間所發表的諸論文及"神聖的家族"當中，馬克思和——尤其是——昂格爾斯，還在無條件的贊同着費爾巴哈我們已經這中間，引出了一些章句，插入在附話當中。

在以後的幾個週間及幾個月間的信札——這中間只留下了昂格爾斯的信札，實爲遺憾——內，也再三再四的論述着費爾巴哈。昂格爾斯在八四四年一月（第一卷七頁）寫着：

"費爾巴哈,確實是已從神靈囘歸到'人們'。所以,'人們',還依然載着抽象的神學之神聖的外觀。歸還到'人們'的道路,却正相反。……設若'人們'不建立在經驗的人們上面,便是一種幽靈。簡單的說來,我們必先從經驗論反唯物論出發,然後我們的思想和——尤其是——我們的'人們',纔能成爲眞正的東西。換言之,我們必須從個別的東西來導出普遍的東西。決不能依據韓格爾的方式從自身或空氣中間引導出來。"

此外,尤其重要的,是昂格爾斯在一八四五年二月二十二日的通信。他在這裏說:

"在他出發旅行(往 Kriege 地方)後的第一日,我接到費爾巴哈的一封信。於是,我們便這樣的答復了他。費爾巴哈說,在他未能以共產主義的著述家的代表資格去研究這種主義之前,他必須根本的掃淸一切宗敎的穢物。而且他還說：他在 Bayern 完全為生活所逼迫，不能夠達到這種目的；但依他是一共產主義者，問題只在怎樣的去實行。"

昂格爾斯還附加的說明，他希望費爾巴哈也來比都比利時（馬克司當時住在那裏）一行。並且他在以後旅行的計畫中，還說："記著費爾巴黑不來的時候，則我便往他那裏去。若以後更有旅費和時間的時候，還想往英國走一遭。"（一六頁）反之，在一八四六年的書札中，則關於費爾巴哈的一切叙述，都根本的比較冷淡，比較帶些批評。在一八四六年八月一日，昂格爾斯寫着："我也效一般追從者們的故智，把費爾巴哈的"宗教的本質稍為讀過了一遍。除了幾件明顯的事實以外，都依然如舊。最初，在他純粹關係自然宗教的範圍以內，他還不得不比較的站在經驗的立場上面。但是到了後來，就未免混淆起來。又專門說些什麽本質，人們等等。我想把牠詳細讀讀。說若你對牠感覺着興味的時候，我想把其中主要的地方抄錄出來，而在最近期內，寄給該你，以供你批評費爾巴黑的參考。（二十三頁以下。

這個，表示着："德國觀念形態"，在一八四六年八月，事實上還沒有充分被完結起來。在九月十八日，昂格爾斯又轉到費爾巴哈，而說：

"我懷抱着某種的恐懼，因此至今猶不敢決定，是否要從費爾巴哈的著作中做一個拔萃錄。在巴黎的這種地方，實令人特別的感覺着精神缺乏。"（三五頁）

昂格爾斯所約定格關於費爾巴哈的拔萃錄，他畢竟把牠寫下在一八四六年十月的一封長信內（四五頁——四九頁）

他在這裏，相當的對於他所引用的費爾巴哈底許多文句，加以詼諧的註釋。而尤其詼諧　說着：

"他對於'悟性本質創造自然'之說的攻擊，對於'虛無創造'之說及其他的學說的攻擊等等，大部分都是'擬人化'的東西。換句話說，大部分是一些'委情的'適應'市民心理'的德譯的，Materialismus Vulgaris,（俗庸的唯物論）"（四六頁）

從這時以後，費爾巴哈的名字，差不多完全從一切的往復書信中，消失下去了。這個分明的表示着，馬克思和昂格爾斯已經完全"結束了"費爾巴哈。他已經對他們沒再有可說的了。費爾巴哈。已經在他一八四三年所達到的地點，停住了脚步。但是，馬克思和昂格爾斯，則已遠遠的趕過了他而向前進行着。（註）關於這個，在昂格爾斯於一八八六年批評着史塔爾克的"費爾巴哈論"的本書中，却詳細的敍述着。

　　註，於一八六七年四月，馬克思回想着費爾巴哈而在一封給昂格爾斯的信中說"從前對於費爾巴哈的崇拜,現在想來,非常的感覺着滑稽無聊。"

昂格爾斯的關於費爾巴哈的這部書,現在對於我們,是非常重要。爲什麼呢？因爲牠最詳細的討論著馬克思主義的哲學的基礎。對於馬克思,昂格爾斯的世界觀的明瞭的認識,在戰鬥的無產階級方面看來,既然有非常重大的意義,所以,我們最少也必須把馬克思,昂格爾斯之重要的哲學的論文,拿一種民衆版的形式統括起來。在這兩位建設科學社會主義的名手的分工合作中間,馬克思所担任的主要部分,是對於經濟理論的研究,而昂格爾斯則注其主要的力量於馬克思主義的辯護和普及。所以,我們在這裏特別的要注重昂格爾斯的著作。——這絕非偶然的一囘事。

而且我們還要借這個機會,對於那荒謬絕倫的貪論,痛駁一番。這種議論說昂格爾斯的代表的根本的立場,是與馬克思的不同(註。這些人們,以爲趁着某種機會,可以隨便的向昂格爾斯開始一齊射擊。因此一方面可以無情的攻擊着馬克思主義的諸重要素,而他方面又不失其爲馬克思主義者。但是,我們知道,昂格爾斯的一切主要著作(例如反挪林論一書)的原稿,都經過了馬克思的嚴密的閱讀。同時,馬克思和昂格爾斯,又不斷的常常對於所討論的一切思想,都詳細的交換了意見。並且馬克思也會決不能對於馬克思主義的任何乖違及任何錯誤的說明,置若罔聞。所以,誰也不要妄想拿昂格爾斯來把馬克思變爲修正主義者!

註,例如,奧國的馬克思主義者 Alfred Braunthal(參照他的"歷史哲學家的馬克思",伯林,一九二〇,一七三頁)和 Mrx Adler ("馬克思研究"第三卷,二九八頁。此外,又如 Georg Lukcz 的:"歷史與階級意識",一九二三年(馬立克書店)。

昂格爾斯在他於一八九〇年給一位知識慾

望汪盛的學生的一封信（"社會主義文獻"，第二卷，七二頁）中說：

"現在我且欲指出我的兩部著作——"柳林君之科學的變革"及"費爾巴哈論"。在這兩部書的當中，據我自身所知道的範圍，我實給唯物史觀以最詳細的敍述。"

昂格爾斯自身又把"反柳林論"一書中的關於這種敍述的部分，簡括在他的小宣傳冊子："徒空想到科學的社會主義之發展"的裏面。而這一小册子，我們已經把牠編爲共產主義入門叢書中的第七卷（註），以一種普及版的形式，發表出來了。但是，昂格爾斯的"費爾巴哈論"，到現在却還是以原來出版所的原版形式發行着呢！

註　昂格爾斯，納談克："到科學和行動的社會主義之發展"（伯林，一九二四頁）

這部書包含着一些歷史的事實，在今日的讀者們看來或不大明瞭。所以，我們對於這部書的原版相當的加以許多的註釋 註。但我們應當使一切工人都容易了解這一部書。所以，我們又特別增加了對於外國文字的註解。（這是對於德文以外的文字的註解，故不另錄——譯者註）

　　註，而且在註釋當中，凡是關於費爾巴哈"德國觀念形態"中的一些部分。都被增加進去了。

我們還從馬克思和昂格爾斯的諸著作中，抽出了許多的論文和引用文而把牠們都收攬在本書的附錄當中。這當可更加促進讀者們對於唯物論這一命題的理解。這些部分都是從他們的範圍相當大的著作中，而且一部分還是從不容易到手的著作中，摘錄下來的。所以，我們愈加感覺着這種附錄在本書中的重要性。此外，如一八四五年的馬克思關於費爾巴哈的綱領，當更不待言的要收攬在本書的附錄中。我們還把昂格爾斯對於這些綱領的讀法，保存下來。至於如欲知道這些綱領的原來草案，先請參看馬克

思昂格爾斯文鈔中的這些綱領草案的復刷（第一卷，二二七頁——二三頁頁）

此外，又把昂格爾斯對於"費爾巴哈論"原文的追加一部分，收攬起來。這一部分，是被叫做"費爾巴哈論的拾遺"，雜在昂格爾斯的遺稿內。而是到了現在纔開始被公表在"昂格爾斯的自然辯證法"（俄文版）一書內。

昂格爾斯的論文："唯物史觀論"（這本來是"從空想到科學的社會主義之發展"一書英文版的序文），是具有特別重大意義的。爲什麼呢？因爲昂格爾斯在這篇論文當中，指出着唯物論與不可知論的分歧點而把唯物論的認識論方面，完成起來。昂格爾斯的這篇論文，就已經從"神聖家族"中馬克思關於哲學史的一章中間，抽出了相當長的文章，而把牠包含在自身中間。因此，我們也就把這一章中間的其他一部分——"法國唯物論發展史的概觀"，收攬在本書內。

最後，我們又從昂格爾斯對於馬克思的"經濟學批評"（一八五九年）的一篇相當長的討論文章中，抽出一節，載在本書的附錄中。而這一節，以一種教導的方式，描寫着由韓格爾轉移到馬克思的路徑。

設若我們在這裏更把昂格爾斯的"社會主的發展"（註　）的第二章，增加進來而同時又把這一章的附註綜括起來的時候，那末，我們便可以說收齊了關於馬克思，昂格爾斯的唯物論的一切重要材料。我們必須格外充分注意的去讀遍這些材料，以求打破一切故意曲解和拆衷派的企圖混淆而保持着純正的馬克思主義的世界觀。舊日馬克思主義的德國社會民主黨，現在居然要轉化爲玩弄宗敎感情世界的改良政黨。當這種時侯，我們是應當更要嚴密的闡明唯物論的和——因此——無神論的馬克思主義的立場（註二）。尤其是一般站在無產階級立場的自由思想家們(對於他們，昂格爾斯的這部"費爾巴哈論"，應當是一部必攜和必讀的書本)，若讀這部書的時候，自會明瞭，現在甚麼地方，還獨力的擁護和尊重眞正的馬克思主義呢。

註一共產主義入門叢書，第七卷，二三——三三頁。

註二，參照列寧的"宗教論"（文學及政治學的出版部，栢林，一九二六頁）

一九二七年十二月於栢林

Dr. Hermann Duncker.

著者序

馬克思在"經濟學的批評"（於一八五九年在柏林出版）的序文中，述明着：我們兩人於一八四五年在比都比利時怎樣的將要共同着手把"我們的見解（尤其是馬克思所完成的唯物史觀）同德國哲學唯心論的見解間的對立點闡明起來，而因此在事實上把從來我們哲學的知識結算一下。我們後來拿對於後期韓格爾派哲學的批評形式，了結了這一心願。兩大厚册的 Oktav 版的原稿，早就已送到 Westfalen 市的出版所去了。但是，後來却接到了報告，說情形已變不能出版了。我們當時旣然已經達到了我們主要的目的，旣已得到了對於自身立場的澈底的了解，於是我們也就樂於讓這些原稿受着老鼠們的咀嚼的批評。(註)

> 註，這些原稿的一部分，現在由莫思科的馬克思昂格爾斯研究所的指導刊行出來，公表在"馬克思昂格爾思文鈔"裏面。(參照馬克思昂格爾斯文鈔的德文版，第一卷，二〇五——三〇六頁，馬克恩昂格爾斯對於費爾巴哈的批評)

爾來，已經過四十餘年了，馬克思也已死去了。而在這種長久年間，我們都沒有機會，復歸到這種題目。我們雖然趁著各種機會，發表了我們對於韓格爾的關係(註)，但是從沒有綜括的發表過。並且對於費爾巴哈，從那時以後，我們也

序文

沒有囘顧過。而這一費爾巴哈，在許多的處所，實爲韓格爾哲學同我們的見解間的媒介物呢！

註，請特別參照馬克思在"資本論"（第二版）第一卷的後序中對於他自身辯證法和韓格爾辯證法的對照的叙述。同時又請參照昂格爾斯的"反柳林論"。

在這些年間，馬克思的世界觀，在遠遠的離開着德國和歐洲的疆界的地方，在世界一切文明國的語言中，都找出了牠的代表者。他方面，德國的古典哲學也在外國——尤其是在英國和斯加登拉維亞，復活起來。而卽在德國的本國內，冒哲學之美名而流行於各大學內的無趣味無內容的折衷論，也盛行起來，實令人抱厭煩之感。註）

註，當時德國的新康德主義，正在隆盛時期。

處這種情形之下，於是我便越發感覺，對於我們同韓格爾哲學的關係——我們根據着韓格爾哲學的諸點及我們與牠的不同諸點——，有加以簡單的綜指的說明之必要。而且同時也感覺到，充分的使一般人認識其他後期韓格爾派哲學——尤其是甚中的費爾巴哈——對於風雨飄搖思想未定的青年時期的我們的影響，是應當完結的光榮的義務。因此，當着"新時代"雜誌的編輯部要求我對於史塔爾克之關於費爾巴哈的著作有所批評的時候，我便樂於抓住了這一機會。我的這篇論文，是已經載在"新時代"雜誌（一八八六年份）的第四册和第五册中間了。現在且把牠改成一獨立的册子。

在這部草稿的附印之前，我曾將一八四五年到一八四六年的舊稿重新檢出來而把牠閱讀一過。這時候，便感覺到關於費爾巴哈的一章，尚未完結。已經完成的部分，是關於唯物史觀敍述的一些部分。這在現在看來，實使我明瞭，我們常時關於經濟史的知識，是怎樣的不充分。至於關乎費爾巴哈教義自身的批評，在這舊稿中，

序文

還附諸缺如。所以這種舊稿是不能適合於現在的目的了。但是，在馬克思的舊記錄簿中間，却找出了關於費爾巴哈的十一條大綱（這附錄在本書末尾）。而這些大綱，雖則不過是馬克思想做後日完成理論的參考的速記，而不是想把牠就此附印，但牠却是有無限價值的最初的文獻。而在這中間，實已潛藏着新世界觀之天才的萌芽。

一八八八年四月二十一日，於倫敦
　　　符立圖立黑，昂格爾斯。

費爾巴哈與古典哲學的終末

恩格斯 著

向省吾 譯

一　從韓格爾到費爾巴哈

這部書（註一）使我們囘想到過去的某一時代。——一個時代，照時間計算起來，到現在恰好經過了人生一代的光景（註二）。然而牠對於現代的德國人，却生疎得利害極了。幾乎有隔世之感。但牠仍然是德國一八四八年革命的準備時期；而且自那時以來，我國所發生的一切事件，都不外乎是一八四八年的繼續，這一革命的遺言狀的執行。

　　註一，C.M. Starcke:"Ludwig Feuerbach"。
　　註二，昂格爾斯的"費爾巴哈論"的最初版,發行於一八八六年四月——五月。

　　好像在十八世紀的法國樣,在十九世紀的德國,哲學上的革命,也引上了政治的崩壞。但是兩者的表現,却是怎樣的不同呵!法蘭西人,正正堂堂的對於一切國家官許的學問,對於教會,或甚至於對國家本身,實行了鬥爭。他們的著作,在法國國境以外的和蘭或英國出版,他們自身往往也不知道甚麼時候要賞那 Bastille 牢獄的滋味。但是反轉來一看德國人怎麼樣呢?他們是大學的教授們,是國家任命的青年的教導者。他們的著作,是國家公認的教科書。而且整個發展的最終的體系——韓格爾哲學(註一),居然登達了普魯西王國的國定哲學的地位!試問,在這些教授們的背後,在他們的美文學的暗昧的言詞中，在他們那種高談闊論不得要領的時代中，是否能有什麼革命氣味潛存着麼？當時所謂革命代表人物的人們，不是一些自由主義者，一些最激烈的反對着淆惑人心的韓格爾哲學的人們麼？然而當時政府和這些自由主義者怎所不能見到的事情，至少也早已被一位哲學者，在一八三三年窺破了。而這位哲學家，便是哈立黑，哈蘭(Heinrich Heine)（註二）

註一　韓格爾（一七七〇——一八三一年）在一八一年被聘爲柏林的哲學教授。

註二　H. Heine 著：德國宗教及哲學史（一八三四年。這裏面說："我國的哲學革命已告終局。韓格爾已經完結了這一革命的大連環。"

且舉一例來說罷。從來一切哲學上的命題，都沒有像韓格爾哲學的有名的命題："一切實在的東西，都是合理的，而一切合理的東西，都是實在的"（註　，那樣的博得了愚笨的政府當局的歡心及染發了淺見寡聞的自由主義者們的憤怒。這一命題，在他們看來，很明白的是對於一切現存事物的神聖化，是對於一切專制主義，警察國家，專制裁判及檢閱制度的哲學的頌揚。符立圖立黑，威廉第三，固然這樣的想着(註二)，而他的臣下也是這樣的着想。但是，實在的說來，在韓格爾的心目中，一切現存的東西，未必就都是實在的東西。就韓格爾說來，只有同時具有必然性的東西，纔能具有這樣的一種實在的屬性。若照他的話說來，即是："實在性在其發展的過程中，便表示着牠自身的必然性"。所以，政府所行的一切行政（韓格爾自身舉出"某種租稅法"做例證），在韓格爾的意思，未必件件都直接的具有實在性。但是，必然的東西，却結局表示其為合理之實。所以，如把這種道理，適用於當時普魯斯國家的時候，則韓格爾的命題，結局不外乎是：普魯斯國家，旣然是一必然的東西，那末牠便是合理的，是與理性相適合的；而這一國家，在我們看來，是一種壞的東西；但不管牠怎樣壞，牠還是在繼續的存在着；所以這種政府的壞惡，就得在適應於這種壞惡的臣下的壞惡當中，有牠的存在的根據和理由。換句話說，當時的普魯斯人，正得着了一個與他們自身相匹敵的政府。

但是，現在我們知道，韓格爾的所謂實在性，對於某一社會的或政治的狀態，決不是在任何情勢和任何時代之下都能通用的屬性。不惟如此，而且正相反對。羅馬共和國，從前有了牠的實在性。但是代此而興的羅馬帝國，也有了牠的實在性。法蘭西王國，在一七八九年，那樣的喪失了牠的實在性；換句話說，那喪失了一切必然性而成爲非合理的存在，竟至於不得不被那韓格爾所常極力稱讚的法國大革命，一綱打盡。所以，這個時候，法蘭西王國是非實在的，而革命却是實在的。如此這般，隨着時代的進展，從來是實在的東西，變為非實在的，而至於喪失了牠的存在權和合理性。這時候便生出新的生氣勃勃的實在，來代替死去的舊實在。——這時候，設若舊的實在，能够有十分理解而無抵抗的自行的消滅的死候，那末，這——新陳代謝是和平的；反此，設若牠反抗這種必然性的時候，那末，牠（新陳代謝）便是暴力的。於是，韓格爾的命題，依照着韓格爾自身的辯證法(註三)，便轉化為與牠自身正相反對的東西；在人類的歷史領域內，一切實在的東西，都隨着時代的變遷而化為非合理的；所以，無論一切，生來就有化為非合理的"八字"，生來就帶有這種非合理性的運命。凡是人們頭腦所認為合理的一切東西，不管牠怎樣同現在表面上像有實在性的東西相矛盾，牠終局都有化為實在性的運命。一切實在都是合理的——這一命題，依照着一切韓格爾的

思維方法的法則,化爲次述的一個命題:一切存在的東西,都値得死滅。(註四)

註一　韓格爾著"法律哲學的基礎"(一八二一)在韓格爾的歷史哲學中說:"只有依據着神靈的世界計畫而生成的東西,才有實在性,反此,便是無益的存在。'

註二　普魯斯的一七九七——一八四〇年的統治者。

註三　韓格爾的思維自身發展的學說(以及實在性自身發展的學說)——矛盾的法則——命題(措定),反對命題(反措定或否定)及綜合(否定的否定)

註五　蓋特(Goethes)的小說 "Faust" 中的 Mephist) 的話"一切存在的東西,都値得死滅",

但韓格爾哲學(這裏只能指着從康德(註一)以來的一切發展的總結果——韓格爾哲學而言)的眞正的重要性和革命性,却正是在:牠(韓格爾哲學)一網打盡了人們思維和行動的一切成果之永遠的妥當性,哲學的任務,固是在求認識眞理,但在韓格爾的意思來說這種眞理,決不是一切既成獨斷的命題（牠一經發見之後，後來的人們，就可以盲目的接受下去）的總和。他的所謂眞理，實在於認識自身的過程中，存於科學的恆久的歷史發展中。而這種科學，不斷的由低級的認識階級進展到高級的認識階級。決不是說：發見一種所謂絕對眞理，而進展到某一點；到了這點之後，便不能再行發展下去；於是只好袖着雙手，在這種新發見的絕對眞理面前呆立疑視。這不獨在哲學認識的方面應當如此，即在其餘一切認識和實際的行動方面，都應當如此。同科學的認識方面一樣，人們的歷史，在人類生活的完全理想狀態中，也找不出甚麼十分完成的總歸結。所謂什麼完全的社會，什麼完全的"國家"，只能存在於我們的幻想中。反此，順次興起和滅落的歷史諸狀態，都是由低級而進展到高級的人類社會無限發展過程中之一時的階級。無論那一階級，都是必然的階級。所以牠對於使牠發生的時代和這時代的諸條件，都有牠的存在權。但牠還是要老衰下去。牠對於在牠自身內部慢慢的發育着的較新較高的諸條件，已經不能再保持牠的存在權。牠不得不讓位於比牠較高一級的階段，而這種新興的階級，以後又要按着次序，而進於衰滅和死亡之利。好像資本家階級拿大工業，競爭和世界市場等，事實上滅絕了從來保有必固地位的舊來的封建制度樣，這種辯證法的哲學，也把一切觀念——只要牠稍爲涉及什麼永遠絕對眞理和什麼適合於這一眞理的絕對人們生活狀態的時候——，滅亡淨盡。在這種哲學的前面，什麼永久物，絕對物，神聖物等等，都要冰消雲散。牠表示着萬有的死滅性。在牠的前面，只有生成和死滅，無底止的由低級而進展到高級的永遠不斷的過程。而這一過程之反映於人們思索的頭腦中的東西，便不外是哲學。這種哲學，固然有的牠保守的方面。換言之，牠承認着：某一認識階級及社會階段，對於其所發生的時代和狀態，有其存在權。然而却只能這樣。這種觀念方法的保守主義，是相對的。反此，牠（觀念方法）的革命性，却是絕對的。——而這便是辯證法哲學所承認的唯一的絕對物。

至於這種觀念方法，是否適合於現在的自然科學狀態——這種問題，現在且不必深究。而這種自然科學，對於地球自身的存在，則只說將來有死滅的可能；而對於人們在地球上棲息的可能性，則比較的確定的說，會要消滅。所以，牠（自然科學）又認定：人類歷史不惟有上面的分枝而且有下降的分枝。但不管怎樣，我們所處的時代同將來人類社會史開始下降的分歧點，還隔得太遠。所以，我們也不能希望韓格爾哲學對於牠當時自然科學還完全不以爲問題的對象，有所研究。

但現在事實上不可不說明的是：上述一切，

在韓格爾自身的著作中，是沒有像我們現在這樣的說得分明。上述一切，固然是韓格爾思維方法的必然結果，但韓格爾自身，却沒有這樣的明確的結論出來。這個理由，極其簡單。卽是，韓格爾志在造成一種哲學體系；而所謂哲學體系，爲應付從來的要求起見，勢必有一種絕對的眞理，把自身完成起來。韓格爾自身，尤其是在他的論理學中，也極力的主張着，這種永遠眞理只是論理的或歷史的過程自身。但在他方面，他又站在一種立場，不得不給這一過程做一歸結。爲什麼呢？因爲他對於自身的體系，不得不做一歸結之故。韓格爾在他的論理學當中；又居然拿這一歸結做其出發點。換言之，在這一論理學中，從前的終結點——絕對理念（但這裏的所謂絕對，是因爲韓格爾絕對不明瞭這一理念的意思。）又"顯揚"（"Entaussern"）爲自然，換言之，又轉什爲自然；到後來，在精神中，換言之，在思維和歷史當中，又再復歸到自身。但是，當在一個哲學的總結論當中，如欲這樣的反復的結論歸還到前提，則只有依據着某種說法，纔有可能。即是，只有說：人類旣認識了這一絕對理念，則歷史也就告終；而韓格爾哲學，實已完成了這種認識。但是這樣一說，便等於承認着：韓格爾哲學體系的整個獨斷的內容是絕對不易的眞理。於是，同他的辯證法的思維方法（這種方法否認一切獨斷的存在）便根本發生衝突。而且這種說法，又不外是把他的哲學的革命的方面，壓殺在保守方面的下面。並且，這種說法旣可以通用於哲學的認識方面，則也就可以適用於歷史的實踐方面。詳言之，旣然人類得了韓格爾這種人物的庇蔭而至於認識了絕對理念，那末，人類在實踐方面，當然也已達到了某種程度，能夠把這種絕對理念，在實在的世界上面實行起來。因此，這種絕對理念，當然也就不能高高的超過了當時人們之實際的政治的要求。於是，我們便能在他的法律哲學的結論當中，找出下述的各種意思。即是，這種絕對理念，即在符立圖立黑，威廉第三世對於他臣下所再三欺騙聲明（註一）的身分制度的主國中，也已實現過了。換句話說，這種絕對理念，即在當時有產階級之小心翼翼的緩和的間接支配——這種型式的支配是適合著當時德國小市民的諸種實情——制度中，也已實現過了。並且，在這些話句中間，還以暗示的方法，證明著當時貴族的存在的重要性。

所以，這種體系的內面的諸種必然性，便已極明瞭的表示著，那樣終始一貫的革命的思維方法（韓格爾哲學），何以居然生出了這樣極其緩和的政治的結論。除此以外，這種特殊形態的結論之所以發生出來，當然還有其他的原因。即是：韓格爾是德國人，他也和他當時的蓋特（Gothes）樣，實帶有了多少俗舊的氣習。蓋特與韓格爾，在他們各自的領域內，固然是 Olympischer Zeus 樣的偉大人物，但他們都沒有脫盡了德意志人的俗舊的氣習(註二)

註一　在一八一三——一八一五年對拿破崙的戰爭當時，想以此激勵一般國民。

註二　參照馬克思一八四七年對於蓋特的批評。(滿林所編輯遺稿集，第二卷，三八八頁："所以，蓋特時而變大時而變小；時而是目空一世藐視一切唯我獨尊的天才，時而又變爲狐疑多端，畏縮退避，度量狹小的懷疑者"。)

雖則如此，但是韓格爾的哲學體系，比之於從來一切體系，依然統治着廣大無邊的領域。而在這種領域上面，現在還可以展開無數有價值的思想。精神現象學(這可以說是相當於精神發生學及精神古生物學的一種科學。在這中間，說明着：個人意識諸種階段的發展，是人類意識在歷史上所經過諸階級的縮短的再生產)，倫理學，自然哲學，精神哲學（這個又被分為各種歷史的從屬部門：歷史哲學，法律哲學，宗教哲學，哲學史，美學及其他等等）——在這一切各種不同的歷史的領域上面，韓格爾想發見一種貫串全體的線索，並且企圖加以證明。他不單是一位有創造能力的天才，而且是通曉着百科辭書的博學家。所以，他在無論那一方面，都能够表現了劃期的活躍(註(。但是他被壓於"體系"的內在的必然性，自然往往免不了要在那無理的哲學設想方面去找他避難的出路。而這種設想，便成為一知半解的敵人們的議論沸騰的焦點。但實在說來，這種哲學的設想，不過是他活動的框子和基礎。所以，如果我們不拘束於這種小節而更進一步的跑進這種宏壯建築物裏面的時候，則現在我們還可以找出無數價值連城的財寶。在凡一切的哲學當中，所謂"體系"，都具有必然消滅的性質。為什麼呢？因為這種體系，實根據着人類精神某種不滅的要求，換言之，根據着想要克除一切矛盾的企圖，纔發生出來。但是，設若我們一舉手間便能除掉了一切予盾的時候，那末就等於我們已經達到了所謂絕對的眞理。這樣一來，世界史也就告終。但是，我們雖則這樣的同牠（世界史）已不發生問題，然而牠還依舊繼續的在進行着，於是，便生出一種的不可解的矛盾。所以，如果我們達到了如下的見解——而使我們得到這種觀察的，結局不外乎是韓格爾這樣的一位人物——：從來對於哲學所課的任務，不外乎是希望某一位哲學家單獨的去解決整個人類繼續的發展過程所能解決的巨大問題；那末，從來的意思的哲學全體，也就消滅下去。因此，人們也就丟開這種方法及個人能力所不能達到的"絕對眞理"，而去追求那相對的眞理。——這種眞理，如果人們能夠根據着實證科學的方法和牠的綜括方法（這一綜括方法，是要經過辯證法的思想，纔能得來），是可以求得的。韓格爾的死期，同時也就是在來一般哲學的死期。爲什麼呢？因爲一方面，他把他哲學的整個發展，以極大規摸的方法，統括在他的體系之中；他方面，他却在無意識中間，指示着我們以一種出路，怎樣的離脫他那哲學體系的迷魂陣而達到實際世界之實證的認識。

註　在給梁幹的書信的末尾，昂格爾斯說："我當然已經不是韓格爾學派的門徒了，但是我對於這位老大的人物，還抱有不斷增大的尊敬和信仰。"

這種韓格爾哲學的體系，在當時哲學色彩濃厚的德國的空氣中，是有了怎樣大的影響。這當然不難想到。這種影響，好像是連綿到數十年的凱旋隊伍。並且卽在韓格爾的死後，也絲毫不滅。不惟如此。自一八三〇到一八四〇年的整個十年間，所謂"韓格爾的聲氣"，實占着了壓倒的勢力。卽牠的反對派，也多少感染了韓格爾的味。正是在這個時候，韓格爾的思想，意識的或無意識的以莫大的聲勢侵入到範圍廣大的各種科學裏面。而且所謂一般通俗"知識教育"之思想資料的泉源——通俗書籍和日刊新聞等，也充滿了韓格爾的思想。但是，這樣的一個全線的大勝利，結局也不過是日後韓格爾哲學內部紛爭的序幕。

我們在上面已經述過，韓格爾的整個學說，是怎樣的範圍廣大，是怎樣的可以容納多種多樣的實際黨派意見在牠中間。事實上，在當時德國的理論界中，存有兩種東西：宗教和政治。當時重視着韓格爾哲學的體系方面的，可以說在宗教和政治兩方面都能採取相當保守的態度。反此，注重韓格爾哲學的辯證法方面的，在政治和宗教兩方面，都是屬於最激烈的反對黨。即韓格爾自身，在他的著作中，也相當的激動了革命的怒潮。但就全體看來，還是傾向於保守方面。

所以，在韓格爾自身看來，他的體系方面，較之於他的方法方面，實多費了些"艱辛的頭腦活動"。到了一八三〇年的末尾，韓格爾學派內部的分裂，越發露骨起來了。在這時候，韓格爾哲學的左派（卽所謂靑年韓格爾派）當他們同富有敬虔心的正統派及封建的反動派相鬥爭的時候，對於切實的緊急的時事問題，便開放抛棄了從來所採取的哲學色彩的及自重的抑制態度。何以要如此呢？因爲這種態度，正能使韓格爾學說對於從來的國家加以默認或甚於保護。到了一八四〇年，正統派的僞善和封建專制的反動，同符立圖立黑威廉第四（註一）登了支配地位的時候，於是遂不能不公然的揭起鮮明的旗幟。這時候的鬥爭，固然是還在使用着哲學的武器，但已不像早前樣，要拿抽象的哲學做目標了。卽是，這時候的目標，是在破壞舊來傳統的宗敎和原存的國家。當"德國年報"（註二）的時期凡關於實際問題的最後目標，大半還是帶上了哲學的假裝。然而一到了一八四二年的"萊因報"（註三）的時候，青年韓格爾派，開始就露出了新興急進資產階級哲學的眞面目。不過爲避免檢察官的耳目起見，還是依舊帶上了哲學的保護色。

註一　一八四〇——五九（死於一八六一年）

註二　A. Ruge 在一八三八年所發行自雜誌 "Halleschen Jahrbär fur dertsche Wissenschaft und Kunsn"，因檢閱的關係，從一八四一年起，得馬克思和鮑爾合作，改爲"德國年報"。於一八四四年，Ruge 和馬克思，又出一種每年二期的雜誌："德法年報"。

註三　從一八四二年正月一日出刊。從一八四二年十月至一八四三年五月，是馬克思當主筆。

然而這政治方面，當時實可說是極艱難困苦的時代。因此，主要的鬪爭，都歸趨到宗教方面。但是，這種宗教鬪爭，自一八四〇年以後，也可以說是一種間接的政治鬥爭。一八三五年出版的史托辣斯(註一)的"耶穌傳",是這次政治鬥爭最初的導火線。對於這部書中所說的福音書神話構成論,後來蒲魯羅,鮑爾(註二),舉出證據來說,這種福音小說都是由福音書著作者所假造的。這兩人間的鬥爭,在"自體意識"對"實體"鬥爭的哲學假裝之下,實行起來了。福音書中奇奇怪怪的傳說,到底是根據着一種無意識的因襲的神話體而發生在原始共產制度內的呢?抑是由福音書著作者自身所假造的呢?——這個問題,漸漸的擴大起來,而成為下述的一個問題:全世界史上,"實體"和"自體意識",到底誰有最重大的影響呢?爭來爭去,到了最後,便走出一位史梯蘭爾(註三)——現在無政府主義的一位預言者——巴古甯也得了他不少的教訓——,把他的所謂獨自的"唯一者",更放在這一最高的"自體意識"的上面。

費爾巴哈與古典哲學的終末

註一 David Friedrich Strauss(一八○八——一八七四)。若欲研究"耶穌傳"對於恩格斯的影響，則請參看滿也爾的"青年期的恩格斯"，二七頁。

註二 鮑爾在一八四○，一八四一及一八五○年，公表了他對於基督教發生的批評論文。

註三 Max Stirner (一八○六——五六年)。他的主要著作"唯一者和他的所有"，在一八四年出版。

我們對於韓格爾學派的崩壞過程方面，且不必再行深加研究。我們現在應當注意的，是下列的一個事實：最勇敢果斷的青年韓格爾派的集團，在他們攻擊着既成宗教的鬭爭過程中，竟循着實際的必然性而歸趨到英法的唯物論的陣營。於是他們便走到了一個同自己一派哲學體系相衝突的立場。我們知道：唯物論認為自然是唯一的實在，而韓格爾的哲學體系，則以為自然不過是絕對理念的"顯揚"，不過是理念的墮落的變形。換言之，在韓格爾的哲學看來，思維和其思想的產物——理念，是根本的東西。反此，自然不過是一般理念的墮落的存在——一種次元的東西。然而這些韓格爾的學派都不懂得這種矛盾，反在牠中間跑來跑去，甘受其撥弄。

當這個時候，費爾巴哈（註一）的"基督教的本質"，便出世了。這一部書，毅然決然的再把唯物論擁登了寶座，而一氣呵成的擊碎了上述的一切矛盾。自然是和一切哲學漠不相關的存在着。自然是我們人類成長的基礎。並且我們人類自身，也是自然的一部分。如沒有自然和人類，萬事俱消。而我們宗教的空想所造出一切的超人的本質，都不外乎是我們自身本質之一種空想的反映。於是纏在人們頭腦上的羈絆，便被切斷了；"體系"也被切碎了也被拋棄了；矛盾也被認為不過人們所想像的一種存在而被解決了。人們如果知道了這一部書對於社會解放之影響如何，則他自身必已無疑的受着了這部書的影響。當時這書的聲價，辟易一世。我們一時都成為了費爾巴哈的門徒。我們只要一讀"神聖家族"（註二），便知道，當時馬克思怎樣的熱狂的歡迎着這一新思想，怎樣的受着牠的影響——雖然他對牠還保留着許多的批評。

註一　Feuerbach（一八〇四——一八七二）。他的"基督教的本質"，在一八四一年出版。

註二　馬克思和恩格斯的遺稿集第二卷中的"神聖家族或批評的批評之批評"說（二四八頁）；"費爾巴哈，把形而上學的絕對精神，還元到建立在自然的基礎上面的實在的人們頭腦。他站在韓格爾學派的立場上面，完成了和批評了韓格爾學說。於是他同時又批評着韓格爾的思想和指明着一切形而上學的巨大特徵而首先完成了對於宗教的批評。"在一九四頁中又說："消滅了概念的辯證法的，換言之，消滅了哲學家們所獨能知道的神聖戰爭的，是誰呢？是費爾巴哈。雖然他沒有把那'人們的意義'——在他說來，好像人們除了他是人們以外還另有重大意義的樣——確立起來，却確立了'人們'，來代替那舊的廢物，來代替那'長生不死的自體意識'。這又是誰呢？是費爾巴哈，而且只是費爾巴哈。'

即這一部書的錯誤地方，也助長了這部書的一時的影響。那種賣弄文章的和處處誇大話的文章體裁，越發擴大了讀者的範圍。而這對於當時多年沈溺於抽象和乾燥無味的韓格爾風味的人們，實不失其為一服淸涼劑。同樣，那時膾炙人口的費爾巴哈的愛情神聖論，也是如此。這種論說，若同當時已不大受世人歡迎的韓格爾式的"純粹思維"至上論比較起來，雖然沒有得到正式的承認，却的確受了世人的歡迎。但是我們切不可忘記了：費爾巴哈的這兩個弱點，正是同那所謂"純正社會主義"（註）〔這種'純正社會主義"，自一八四四年以後，好像傳染病似的，蔓延於整個"文明的"德國〕，結着密切關係。而這種社會主義，正是拿美詞麗句來代替科學的認識，拿愛的人類解放來代替根據生產經濟革命的無產階級的解放。一言以蔽之，一味的沈溺於令人生厭的美麗詞句和乾燥無味的愛的說敎。而這一派的典型人物，便是加爾．顧魯。

註　共產黨宣言（共產主義入門書，四四頁）

我們還更不宜忘記：韓格爾學派雖則消滅，而韓格爾哲學，却還沒有被批評的武器克服起來。史托辣斯和鮑爾，都各自固執着韓格爾哲學的一方面，而攻擊其他的一方面。費爾巴哈攻破了這一體系而完全把牠放棄起來。但是，若單單的指出某一哲學的錯誤，結局還是不能消滅這種哲學。尤其是對於韓格爾哲學，（這一哲學對於國民精神發達的影響，是何等的偉大）若只取一種侮視的態度，是不能把牠消滅下去的。牠必得要在牠哲學本身意義中，纔能被"揚棄"起來。換句話說，必須拿批評的武器，去破壞這種哲學的形式，而把這一形式所包含的新內容，給牠留下來。但是，怎樣的去實行這種事呢？這姑待後論。

但不久便發生了一八四八年的革命。這一革命，好像費爾巴哈推倒了韓格爾的樣，也毫無遲疑的推倒了哲學全體。而同時費爾巴哈自身也就被推入於舞台的後面。

二　唯心論與唯物論

　　一切哲學——尤他是近代哲學——的根本問題，是思維和存在關係怎樣的問題。太古人們，對於自然五體的構造，然全無知。所以，當他們受着夢寐間現象(註一)的刺激的時候，以為思維和感覺，不是五體的活動，而是生時潛居體內死時脫出體外的某種特殊的靈魂。從那時以來，人們於是不能不疑思這種靈魂對於外界的關係。設若人們死時靈魂離開五體而繼續的存在，那末就沒有特別討論靈魂死滅問題之必要。於此，便發生了靈魂不滅的思想。但是，靈魂不滅之說，在這種未開化時代的發達階段中，不獨絲毫不能安慰人心，而反被認為是人們不可避免的孽運。好像在希臘人中間的樣，往往反被認為是孽運以上的積極的大不幸。一般的使人們達到這種人格不滅的無聊的思想的，不是想求得心神慰籍的宗教的欲望，而是一般人們無知無識所引起的狠狠感情，不知怎樣去處置那肉體死後自身相信的靈魂。同樣，在自然界方面，也按照着同一的順序，把諸種自然力擬人化起來，於是，最初便發生各種神靈。當宗教更加發展的時候，上述諸神靈便愈加帶上那起越現實的形姿。到了最後，精神漸漸發達，於是抽象過程（我寧肯呼之為蒸溜過程）漸萌芽起來。而在通過着這種抽象過程的中間，上述諸種神靈，多少受了制限，而且牠們自身間也發生吸收作用，逐漸次匯合起來。結局遂在人們的頭腦中，發生了一神教的單神的思想。

（註）　即在現今未開化人及程度更低的野蠻人的中間，還是都以爲夢中所見的人形是靈魂，是在睡眠中暫行離開人們的五體的東西。因此現實的人們，認爲自身對於其在夢中的行爲，也應當引告。比方，Imthurn在Guyana島的印度人中間，曾發見了這樣的一種事實。（恩格斯原註）

思維和存在，精神和自然間關係的問題，換言之，整個哲學中之最大的問題，也同一切宗教樣，在狹隘無知的野蠻時代的思想中，有了牠的根源。但是這種問題，能夠以充分明瞭的形態表現出來，而又表現其重大意義的時期，則是歐洲人開始從中世基督教時代的長年冬眠醒轉過來的時期。思維對於存在的地位問題——這一問題，即在中世的煩瑣哲學中，也演了重大的任務

——，換言之，和精神自然，誰是本源的一個問題，在教會方面，竟發展爲次述的一問題：神創造了世界呢，抑或從邃古以來，世界就存在着呢？

隨着對於這一問題的答復的不同，於是哲學者們也就分爲兩大營壘。一方面，主張精神對於自然實爲本源的人們，換言之，結局，在某種方式，承認着宇宙創造論的人們"宇宙創造論，在哲學者方面"例如韓格爾"，比之於在基督敎方面，尤爲荒唐無稽"，形成了唯心論的營壘。而他方面主張自然是本源的哲學者們，便屬於唯物論的諸派。

所謂唯心論與唯物論這兩名詞的意義，原來就不過是這種意義。而在這節論文中，也只是在這種意思中來說。設若參雜以別的意義，便不知要發生多大的混亂。這個且待後面再說。

但是，在思維和存在的關係如何的問題中

間,還有其他的一種意思。即是我們對於周圍的世界的思想,同世界本身究竟有甚麼關係?我們的思維,是否可以認識實在的世界?在我們關於實在的世界的觀念和概念之中,是否有創造實在的正確的映像的能力,這個問題,哲學上呼之為思維和存在之同一性的問題。大多數的哲學者,都給牠以一個肯定的答復。比方,韓格爾的哲學,當然就肯定了這一問題。為甚麼呢?因為根據韓格爾的意義,我們在實在世界所能認識的東西,正是實在世界之思想的內容;而這又把世界實際的化為絕對理念的一個階梯;而所謂絕對理念,從邃古以來,就同世界沒關係的而且已在牠之前期存在着了;他方面,思維自然能夠認識一種原來即是世界之思考內容的內容。並且這裏還極其明顯的是:已經在前提中間,暗暗的包含了後來想要證明的結論。但是這種事情,決不能引起韓格爾的關心。他還是依然從他那思維和存在之同一性的證明出發，而達到了下述的結論：他的哲學，對於他的思維，實屬正確，所以是唯一無二的正確的哲學；而且人類應當立即把他的哲學，從理論移到實際，根據他的原則把世界改造起來，因而證明思維和存在的同一性。這純粹是一種空想。這不獨是韓格爾的而且是一切哲學家所共懷的空想。

反此，另外有一些哲學者們，反對人們有認識的世界的可能性，或者至少也反對着一切觀照的認識之可能性。屬於這一哲學派的，在近代則有許姆（Hume）(註一) 和康德。他們在哲學發達史上，實演有了極重大的任務。假定從唯心論的立場，能夠對這種意義見解加以決定的反駁，則這種反駁的意見，便已如韓格爾所論。至於以後的唯物論者　　費爾巴哈所附加的反駁論，雖則痛快淋漓，然而沒有深刻的意義。所以，對於這種見解的最致命的打擊，也和對其他一切哲學的狂想一樣，只是實踐，換言之，只是實驗和產業。詳細的說來，設若我們自已旣然能夠造出自然界事象，能夠依據牠們的屬性而造出牠們，能夠適合目的的把牠們利用起來，因而證明我們關於這些事象的解釋爲正確的時候，那末，那種康德所謂不能把握的"物自體"，也就無形消滅。當着有機化學還沒有證明植物體或動物體中之化學的物質時，則候這種物質，還可以說是這樣的一些"物自體"。但是，有了有機化學的發明以後，"物自體"也就變成了我們的利用物。比方苗根草的顏料──Alizarin（註二），就是一個例子。我們可不必等待這種顏料在野外苗根草內慢慢的生長起來，而能夠極簡單低廉的從Kohlenteer（焦煤蒸發時候所發生的一種液體）中製造出來。又如 Kopernikus（註三）創立了太陽說以復，一直經過三百年之長久期間，雖則誰也沒有對牠懷疑過，但依然不過是一種假說。然到後来，Leverrier（註四），根據着這一太陽系說的資料，不獨推定了未知的一個遊星的存在，而且測定了這個遊星在天界的位置。次後Galle（註五）且測定竟發了這一顆遊星。到這時候，於是才證實了Kopernikus的太陽系說。雖則如此，但現在德國新康德主義的人們，却在企圖使康德的思想復活起來。同時，英國的不可知論者（註六）也恢復許姆的思想（在英國方面，許姆的思想沒有死滅）。然而這種企圖，實等於蔑視了從來於這種學說的一切理論和實際的反駁。所以，如從學問上說來，牠等於是"推倒車"，若從實際方面說來，牠是暗中的承認着唯物論而表面上則反對牠的一種無恥態度。

但是從笛卡爾（Descarte）（註七）到韓格爾，從賀蒲斯（Hobbes）（註八）到費爾巴哈的長久期間，哲學家們，决沒有像他們自信身所的樣，决不是單純的被一種純粹思維的力量推動前進却正相反，眞正推動他們前進的，特別是強大不斷向前躍進的自然科學和產業的進步。這種事實，在唯物論者方面，固然已表現出來，而卽在唯心論的諸體系方面，也漸次的採取唯物論的內容，而企圖拿汎神論的論法來調和精神和物質間的對立。所以，歸結起來，韓格爾的哲學體系，從牠的方法和內容看來，也不外是倒立在唯心論上面的唯物論。

（註一）（一七一一——一七七六）。許姆在一七四八年發表他的"人們理性之研究"

（註二）自一八八六年以後可以人工的製造出來。

（註三）一四七三——一五四三年。

（註四）天文學家，死於一八七七年。

（註五）天文學家，在一八四六年發見海王呈。

（註六）參照恩格斯的"唯物史觀論"。

（註七）一五九六——一六五〇年。一位法國的哲學家，新哲學的創始者。

(註八)一五八八——一六七九年。一位英國唯物論的哲學家,英國革命時代的人物。

於此我們遂得以明瞭;史塔爾克(Starcke)在他討論着費爾巴哈的特徵的時候,為甚麼要首先考察費爾巴哈對於這一根本問題——思維和存在的關係問題——時候的態度。在他的簡單的序論中,他把他從來的哲學者——尤其是從康德以後的哲學者——的思想,拿無益的難懂的哲學的話句,簡單的敍述一篇。一敍述到韓格爾的時候,他便太過於形式的拘泥着韓格爾著作中的各段章句而極其簡單的把韓格爾完結起來。在序論以後,他便按着費爾巴哈的著作順序很詳細的敍述了費爾巴哈的"形而上學"的發展路徑。這一敍述,確屬用意到周,而且是統括的。不過美中不足的地方,便是,像這部書全體的弊病樣,拿本來不必要的哲學的表現法,弄得全體陰氣沉沉。並且也不大使用某一哲學派所慣用的或費爾巴哈自身的表現法，而參雜着多種多樣的——尤其是現今自稱哲學諸派所慣行濫用的表現法。所以，更加使難讀。

費爾巴哈的思想的發展徑路，便可以說是韓格爾學徒——當然不是純正統派的韓格爾學徒——轉移到唯物論的發展路徑。而這一發展，一到了某種階段的時候,,便不能不與他的先進者——韓格爾的唯心論的體系,分道揚鞭。這時候,那費爾巴哈的腦裏,忽然以衝天破海的聲勢,生出了次述的見解：韓格爾所謂"絕對理念"之先驗的存在,換言之,先世界而存在的"論理範疇的先在"("Praexistenz der logischen Kategorin")，不過是一種對於超越世界的創世主的信仰之空想的遺物；而物質的感覺的所能認識的世界（我們自身也是其中的一部分），是唯一的實在；我們的意識和思維，表面上雖則像是超乎感覺的，然其實是物質的肉體的器官——

腦髓的產生物。物質不是精神的產生物，精神本身不過是物質之最高的產生物。這便是純粹的唯物論。一到了這裏，費爾巴哈便停住了脚步。卽是，他不能克服了從來慣行的哲學的偏見——（這不是對於唯物論內容的偏見而是對於唯物論名稱的偏見）。這個時候，他說："我的所謂唯物論，是人們的本質及其知識建築物的基礎。但從我自身方面說來，牠決不是生理學者，狹義的自然研究者——例如莫利學突（Moleschott）(註一)——所主張的樣的東西。如依據着他們的立場和專門研究，則唯物論必然成爲建築物的自身。在向後退的方面，我同唯物論者完全一致，但是在向前進的方面，却不這樣。(註二)

（註一）（一八二二——一八九三年。主要著作："生命的循環"一八五二。

（註二）參省費爾巴哈書簡中的遺下短章和他的遺稿集（第二册，三〇八頁）。在他"宗敎的本質"的第二版序論中，費爾巴哈就已經說：“在本來意義的理論哲學方面，覺得只有實在論，換言之，上述意義的唯物論同韓格爾哲學正直接的相對立。在韓格爾哲學中，發生了與此正相反對的束西。”

費爾巴哈，在這裏，把建立在某一見解——關於物質和精神間關係的見解——上面的一般的世界觀，換言之，唯物論，和這一世界觀之某一歷史的階段，換言之，十八紀的唯物論的特殊形態，相混同起來，不獨如此，費爾巴哈還把淺薄的俗庸的唯物論，同本來的唯物論，混淆在一起。而在這種淺薄的俗庸的形態中，十八世紀的唯物論，現在還殘留於一般自然科學家和醫學家的頭腦中。而在近來五十年間，被蒲黑蘭耳(Buchner)(註一)，吳蓋突(Vodt)註二)和莫利學突(Moleschott)等流布起來。但是，好像唯心論的樣，唯物論也已經過了若干的發展階段。每遇着自然科學方面有了劃期的發見的時候，唯物論也就必然隨之變更牠自然形態。而到了歷史的研究也要根據着唯物論的時候，於是，在這一領域之內，也就拓開了新發展的道路。

(註一) Louis Buchner（一八二四――一八九九）。主要著作："力和材料"。（一八五五年出版）

(註二) Karl Vogt（一八一七○――一八九五）："聾的信仰和科學"（一八五五年出版）。關於 Vogt 的政治的告祕，馬克思曾把牠宣布在一篇論爭文章"Herr Vogt"中。

上一世紀的唯物論，實是一非常機械的唯物論。爲什麼呢？因爲在當時的一切自然科學之中，只有機械論，而且只是關於天地間的固體的機械論，換言之，只是關於重體的機械論，比較相當的完全。當時所存在的化學還只是一種極幼稚的燃燒論的形態。生物學還正在襁褓之中。對於動植物的有機體，還只有很粗忽的研究，而且只是從機械論的方面加以說明。好像笛卡爾（Descarte）認爲動物是機械的樣，十八世紀的唯物論者，也把人們看成一種機械。（註）對於具有化學的及有機的性質的自然現象，機械的法則雖然也可以適用，但是還有更高級的法則勝過於牠。所以，法國古典的唯物論之專門以機械論的法則去研究這種自然現象，實形成了牠那特殊偏狹性。但是這種偏狹性，當時看來，亦屬萬不得已。

（註）化學家斯答爾Stahl（一六六〇————七三四）認爲一切可燃燒的物體，都含有一種共通物質——Phlogiston（可燃質，）

這種唯物論之第二特殊的偏狹性，是沒有把世界認爲是一種過程，是一種不斷的發生在歷史進化過程中的東西。這種事情，恰好適合於當時自然科學的狀態及與此有密切關係哲學之形而上學的方法——反辨證法的方法。自然是在永遠不斷的運動狀態中。這在當時也已知道。

但是，在當時看來，以爲這種運動是不斷的循環運動。所以，便不能出乎一定範圍之外。換言之，無論到什麼時候，都歸趨到同一的結果。這種思想，在當時實難避免。當時，康德的關於太陽系生成的學說(註)剛剛出世。一般人還認爲牠是一種怪談。地球發達史，換言之，地文學，還屬於未知之域。同時一種思想。（認爲現存於地球上的生物是一種由單純而進化到複雜的一些長年發展的結果），在當時也還都沒有科學的被確立起來。所以，反歷史的自然觀，實出於不得已。並且這種自然觀，即韓格爾樣的人物也曾抱過了。所以，我們愈加不能根據上述的缺點去攻擊十八世紀的哲學家們。在韓格爾看來，自然不外是觀念的"顯揚"，並沒有　時間的發展，而只有空間的多樣性的展開。所以，自然把在牠內部的一切發展階級，同時的併立的展示出來，而把牠們拘束在同一過程的永遠來復之中。而且韓格爾把這樣的一種空間的（然而同時却是超乎時間的）——而時間却正是一切發展的根本條件——發展，置放到自然上面。並且當韓格爾這樣做作的時候，正是一個時代到來的時候，——在這個時代，地文學，發生學，動植物生理學及有機化學等發達起來了，而根據這類新科學，後來的進化論的天才的預感，（例如蓋特和拿馬克(註二)），在一切方面，都已抬頭起來了。雖則如此，但韓格爾無論如何是要保存他的體系。所以，思維的方法只好犧牲了自身，以求保全那種"體系"。

(註一)康德著："一般自然史及天體論"，一七五五年刊行。

(註二)(一七四四——一八二九)納馬克的"動物哲學"在一八〇九年出版。

同樣，在歷史的領域內，當時也盛行了這種反歷史的見解。在這一方面，人們的眼光，都只注重在對於中世遺物的鬥爭方面。都認為中世紀罩是一種綿亙到一千年的蒙昧的歷史的中絕時期，而對於中世紀的一切大進步（歐洲文化區域的擴大，同時並興於各地的生氣勃勃的偉大民族，以及十四世紀與十五世紀的技術之偉大進步等等），都置於不顧。因此，對於巨大的歷史的聯絡，不能與以合理的洞察。而所謂歷史，在十八世紀的哲學家們看來，充其量也不過是一些事和例證的堆聚。

德國的俗庸行商們，在最近五十年間，視唯物論為一種商品而把牠俗庸化起來。所以，他們自然完全不能駕乎他們的祖師之上。自那時以來的一切自然科學方面的進步，對於他們，只是一些反駁世界創始主之說的新證據。而至於在事實上怎樣去更加推進這種理論，自然同他們的研究完全沒有關係。當唯心論跑到絕路遭着一八四八年革命的打擊而快要死滅的時候，牠一看見了唯物論一時還更消沉，便不覺衷心自喜，所以費爾巴哈之回避對於這種唯物論的責任，自然有他的充分理由。不過他把那些唯物論的漫遊傳教者的教義和一般的唯物論混同起來，未免令人發生遺憾。

但是，這裏我們所應當注意的，有兩件事實。第一，費爾巴哈於生存的時代，自然科學還在激烈的醱酵狀態中。而這一醱酵狀態，到了最近五十年間，纔漸為比較的進於澄清狀態。知識材料的供給，固然達到了空前未有的豐富程度，但是在這種不斷的爭先恐後諸種發見之混沌的狀態中，欲找出一種聯絡關係及同時確立一個系統，在當時實非容易。這一直到最近，纔有可能。不消說，三種重要的發見，費爾巴哈在他的存命中，也都已體驗過了。——細胞的發見，能力變化的發見和達爾文的進化論的發見。但是，過着寂寞的田園生活的哲學家費爾巴哈，能夠充分評價這些發見而得到滿足的科學的研究麼？註 而且這些發見，當時即在自然科學自身方面，還有人反對着牠們而不懂得怎樣去充分利用牠們呢——，所以，這只可歸咎於當時德國的可衰微的科學界狀態。因爲有了那種狀態，所以當時哲學的講壇，總爲那些專事詭辨的折衷派的俗庸小人們所霸佔了去；而鐵中錚錚的費爾巴哈，則反被逼得不能不過那寒村隱遁的可憐的餘生呢！所以，費爾巴哈之不能得到歷史的自然觀（這種自然觀，現在是有了牠的可能性，並且脫却了法國唯物論的一切偏狭性），决不是他自身的罪惡。

(註)費爾巴哈在一八七年間到鄉下（Bruckberg村)去了。他在很寂寞的和經濟逼迫的狀態中，死於一八七二年。

第二，費爾巴哈的主張——單純的自然科學的唯物論，固然是"人們知識的建築物的基礎,但决不是建築物的本身"——，却完全有理。

爲什麽呢？因爲我們人類，不惟生長於自然之中，而且也生長於人們社會之中；而這種人們社會，也無異於自然，而有牠自身的發展歷史和科學。所以，重要關頭是在次述一點：怎樣把社會科學，換言之，怎樣把所謂歷史的同哲學的科學全體，和唯物論的基礎，調和起來，而把牠們再行建築在這一基礎的上面。但這是費爾巴哈所不能辦到的事情。(註)即是說，他雖然有了那樣的"基礎"但還是拘泥於傳統的唯心論的見解。這種事實，他自身也已承認過了。他說："在後退的方向，我同唯物論者，意見一致，但在前進的方向，却不這樣"。然而在社會的領域內，不向前進的，不出乎一八四〇和一八四四年時代自身的立場之外的，都正是費爾巴哈自身。這種事情的主要原因，自然是因爲他過着了那隱遁生活。因爲這種隱遁生活，他便不能同與自身才能相等的人們，實行友誼的或對抗的論爭，而只能靠着個人孤獨的頭腦，去產出他那自身的思想。——而且他比甚麼哲學家都還要歡喜社會交際呢！至於他在社會的領域內，是怎樣的一位唯心論者，這且在後章中詳細敍述。

（註）在"德法年報"的關於費爾巴哈的斷片中（二四一頁）說："費爾巴哈對於感覺的世界的觀念，一方面既拘泥於純粹的感覺世界觀；而他方面則又偏向於單純的感情，拿'人們'來代替'實際的歷史的人們'。'人們'其實應當是'德國人……'"。在二四二頁中又說："費爾巴哈沒有看到，他周圍的世界不是從遠古以來就已有了的，不是永久會不變化的，而反是產業和社會狀態的產物。換言之，周圍的世界每一個歷史的階段中，都是從前若干時代的活動的結果和產物；而這些時代中的任何一個，都根據着前一時代的成果，擴大牠的產業和交通，變更牠的社會秩序以適合不同的需要……"。二二四頁又說在費爾巴哈是唯物論者的時候，則他腦經中便無所謂歷史，在他考察

察着歷史的時候,則他又不是唯物論者"

現在我們還只有一件事要說明。卽是史塔爾克,在不適當的地方,說費爾巴哈是唯心論者。他說:"費爾巴哈是唯心論者,他相信人類進步的"。(十九頁)——"他的整個思想的基礎——下層建築,依然是唯心論。所謂實在主義,不過是一種塹壕,使正在追求着理念的我們不至於誤入迷途。對於眞理和正義的同感,仁愛及感激,不是理念的偉力麽?"(八頁)

第一,這裏所謂唯心論,(註一)便不外是追求着理想的目標的意思。然而這種意思,充其量也只能運用於康德的唯心論及其"無上命令"。但是,康德自身之所以要稱他的哲學爲"先驗的唯心論",決不是根據甚麽道德的理想,而反是根據着完全不同的原因。而這種原因,史塔爾克也會可以想出來罷!所謂哲學的唯心論,不外是對於道德的(換言之,社會的)理想的信仰之當

—— 這樣荒謬絕倫的定義，決不是從哲學內部發生出來的，而是發生於哲學的外部。換言之，是發生於德國俗庸人們 —— 他們的本能，只是把希列爾詩文中的片言隻句暗記下來，而以之誇耀於人 —— 的中間。所以，才誰也沒有像這位集大成的唯心論者 —— 韓格爾的樣，那樣嚴厲的批評着外强中虛的康德之"無上命令"（何以謂爲外强中虛呢？因爲這種"無上命令"所企圖的是不可能的事情，所以牠也就是絕對不能實現的東西），那樣深刻的譏笑着希列爾之對於不能實現的理想的庸狂想（試參看韓格爾的現象學）。

（註一）恩格斯在這裏極力說明唯心論和唯物論兩個名詞在世界觀方面的概念內容同他們在處世術方面的概念內容完全不同呢：

第二，推動人們一切的東西，都必得要經過人們的頭腦。這是必然不可避免的事實。飲食樣的小的事情，也是這樣。最初則依據着頭腦的媒介作用而感覺飢渴，過後則又依據着牠的媒介而感覺滿足。外界對於人們的作用，在人們的頭腦中表現出來；在這中間，反映爲感情，思慮，衝動，決意等。換言之，反映爲"理念的潮流"。最後便化爲這種形態之"理念的力量"。設若因爲有了次述的事情——人們一般的追求着"理念的潮流"而使"理念的力量"影響到自己身上——，而便說人們是唯心論者，那末，只要是多少有了普通發育的人們，生來就成爲唯心論者了。這樣一來，天地間還可以說有唯物論者之存在的餘地麼？

第三，人類在現在這個瞬間，就人類全體看來，無論如何是在向進步的方向進行着——這種確信，對於唯物論和唯心物的對立，完全沒有關係。法國的唯物論者們，差不多以狂信者的態度，懷抱着了這種確信，比之於理神論者 Voltaire（註一）或盧梭，也毫無遜色。他們爲着這個，往往受了莫大的犧牲。所以，如果有所謂對於"眞理和正義的感激"（這裏當然是一種好的意思的），雖犧牲其全生命亦所不辭，那末底談洛突 Diderot（法國唯物論者）就是這樣的一個好例。因此，如果史塔爾克說這一切都是唯心論的時候，那末就無異乎暴露着：唯物論的名詞及唯物論與唯心論的對立，在他的腦筋中，已完全失掉了意義。

事實是這樣。卽是：因着長年間的僧侶的毀謗，世人對於唯物論這個名詞，竟至於懷抱一種俗庸的偏見；而史塔爾克，却在無意識中，給這種偏見以不可寬宥的讓步。這種俗庸的人們，把唯物論這一名詞，曲解爲動物的飮食，目的享樂，肉慾，虛榮心，金錢慾，貪婪貪慾，殖富及投機等等。簡括言之，他們把唯物論認爲是一切卑鄙、齷齪的罪惡，（而他們自身其實早已在無形中化為了這種罪惡的奴隸。）反此，他們把唯心論認為是美德普遍的人類愛及對於一切"靈界"的信度。他們雖則在他人的面前高唱這些美德，人類愛……等等。但是要在他們經過了"唯物論的"縱之後，因此，要在他們樂極生悲，受着沈醉和破產的苦痛的時候，纔能夠誠心誠意的相信這種美德。而到這種時候，他們還要歌着他們得意的歌句"人是甚麼呢？一半是動物，一半是天使"呢！

（註一）（一六九四——一七七八）。所謂"理神論者"，是指着某種人們而言。這些人們，雖信仰神靈，然只認為牠是世界的創造者，而不是世界的統治者。並且拿一種"自然宗教"來對抗獨斷的教會宗教。

並且史塔爾克還極力擁護費爾巴哈，來對抗當時自命為德國哲學家而大言壯語的大學講師們之非難和宣傳。這種事情，在對於這種德國古典哲學的遺業抱有興趣的人們看來，自然是必須實行的要圖。而史塔爾克自身，大約也感想到此。但是對於這一點，我想不必擾動讀者們的清聽。

三　費爾巴哈的宗教哲學和倫理學

費爾巴哈之眞正的唯心論，在他的宗教哲學和倫理學中，却明顯的表現出來。他決不是想要廢棄宗敎而是要把牠完成起來。他主張哲學自身非熔入於宗敎中不可。他說"人類的各種時代，只有依據着宗敎上的變化，才能區別起來。歷史的運動，要牠在（歷史的運動）注入於人類心神之中的時候，才能達到牠的根底。心神不是宗教的一種形態。因此，宗教也不是存於心神中的東西，換言之，心神是宗教的本質。"（史塔爾克的著書；一六八頁）據費爾巴哈的意見，宗教是人們與人們間的感情關係——心神關係。而這種關係，從來在實在之空想的映像中，換言之，在人們諸種特性之空想的映像——單神或多神的媒介之中，找出在自身的實相。但是到了現在，牠却直截了當的在"我"與"爾"的中間的愛情之中，找出牠的實相。所以，費爾巴哈的意思，結局，性愛雖不是新宗教的實現之唯一最高的形式，最少也是其最高形式之一。

但是，人們相互間的感情關係——尤其是兩性間的感情關係，自有人類以來，便已存在着兩性的愛，尤其是在過去的八百年之間，特別的發達起來，而獲得了高顯的地位而成為最近一切詩文所不可缺的內容。旣成的宗教，專門從事於性愛的國家法律化——婚姻法的淸淨化。牠們雖則等於明日黃花，會快要消滅，但對於愛情和友誼的諸種事實，却會毫無影響。法國的基督教從一七九三年到一七九八年，事實上已經消滅下去了。過後，卽以拿破崙的雄力，也要經過了多少的反抗和困難，纔能使牠復興起來。而且卽在這種宗敎中絕的時代中，也沒有像費爾巴哈所說的樣沒有發生過甚麼要求，拿一種東西來代替旣成宗敎。

於此，我們知道費爾巴哈的唯心論實存於次述一點：他不認識根據互愛的人們的相互關係；換言之，他不認識性愛，友誼，同情及其他犧牲等等，在人們自身看來，是與過去的特殊的宗敎全然沒關係的獨立的存在；而反以為這些愛情，要在受着宗敎名義的淨化作用的時候，纔能獲得牠的滿副的價值。據他的意思說來，人們純粹的新愛的關係，並沒有實際的存在着。而反是

費爾巴哈與古典哲學的終末

要在這種關係獲得了新純正宗教的意義的時候，換言之，要在牠獲得了宗教的標識的時候。纔能達到牠完全明顯的面目。所謂宗教本來是根據着拉丁語 Religare 而得來的一個名詞，是表示一種結合的意思。所以，兩個人一結合起來的時候，便成為宗教。這種關於語源學的彫蟲末技，實成為一切唯心論哲學的的最後手段。即是，牠不注重宗教這一名詞在歷史的進化上面的實際意義如何，而只注目到這一名詞的語源的意義，所以，讒把性愛和性的結合，抬高到"宗教"的地位。因此也就把唯心論思想上的這一重要名詞——宗教，永久的保存下來。在一八四〇年，路易·蒲蘭一派的巴黎改良主義者（註一），也是拿費爾巴哈的這一樣的筆法，認為沒有宗教觀念的人們實等於怪物。而且他們還告訴着我們說："無神論是你們的宗教！"。所以如果費爾巴哈欲把真正的宗教的本質確立在唯物論的自

費爾巴哈的宗教哲學和倫理學　　　　　　　　　　61

然觀上面的時候，那末這也就好像人們欲把近代化學認爲是眞正的煉金術。如若宗敎不根據神靈而能存在，那末煉金術也就無須乎賢者的磋石也可以存在起來了。不惟如此，煉金術和宗敎還更有極密切的關係。卽是，賢者的磋石寶具有許多類似於神靈的特質。比方 Kopp 和 Berthelot 所發見的事實充分的表示着：紀元後十二世紀的埃及及希臘的煉金術者們同基督敎的敎義的發展大有關係。

"人類的各種時代只有依照宗敎的變化，纔能區別起來"——這種費爾巴哈的主張，是絕對錯誤。我們至多也只能在我們考察着從來存在的三大宗敎——佛敎，基督敎及囘敎——的時候，纔可以說是宗敎的變化，和從來歷史上的巨大變化，同時發生。古代自然發生的氏族宗敎，民族宗敎等，並沒有什麼宣傳的性質。所以，當那些氏族民族等的獨立存在一消滅了的時候，牠們也就都同時失去了抵抗的力量。比方，拿日耳曼民族來說罷。日耳曼民族宗教，纔和將要崩壞的羅馬帝國相接觸的時候，纔和世界宗教——基督教（這一宗教，羅馬帝國將要認之爲國敎，牠實適合於羅馬帝國當時的政治的和思想的狀態——相接觸的時候，便自行消滅了。所以，只有在多少帶有人爲的發生性質的世界宗教——尤其是基督教和囘教——之中，我們纔能看出，規模較大的歷史的轉移，帶有宗教的色彩。而且即在基督教的領域內，所謂給眞正具有普遍意義的革命以宗教的色彩的，也只限於自十三世紀到十七世紀的資產階級解放鬪爭的最初階段。並且這種事情，也不能如費爾巴哈所想像的樣，不是由人們的心神或宗教的要求所能說明，而只能由整個中世紀的歷史——這個歷史除了宗教和神學以外實沒有發生過其他的觀念形態——加以說明。然而一到了資產階級在十八世紀確立了充分的勢力而獲得了適合於他們自身階級立場的觀念形態的時候，便專拿法律的和政治的觀念，成就了那一具有偉大意義的革命——法國革命。至於對於宗敎，設若牠妨害着他們的進路的時候，纔把牠當做問題看待。並且他們也決沒有提出過拿新宗敎來代替舊宗敎的要求。比方，Robes Pierre (註四) 因為要提出這種要求，不知吃了多大的苦——這是人人都知道的。

(註一) Louis Biane(一八——一八二二年)。

他在一八四〇年發表他的"勞動的組織"。

(註二) Hermann Kopp(一八一七——一八九二年)。

他的主要著作是"化學史"。

(註三) Berthelot 是法國的一位化學家(一八二七——一九〇七年)。

(註四) Robes Pierre、(一七五八——一七九四年)，在他尙未塲台兩二個月以前，以熱狂的態度，想大演特演其"無上本質的崇拜"。

人們要和其他人們交際，纔能發現人們純眞的感情。但這種可能性，在現在我們不能不生存於其中的階級對立和階級支配的社會內，已經被充分破壞得不堪了。所以，我們旣無須乎把這種人們純眞的感情抬高到什麼宗敎的地位，也不必自動手的更加破壞這種可能性。並且我們對於一切巨大階級鬬爭的理解，都被那個千篇一律的從來的歷史筆法——尤其是在德國——，弄得曖昧不明，所以我們更無須乎把這種階級鬬爭史變爲敎會史的附錄而因此把這種事實更加弄得完全曖昧不明。單是這一點，便已經表示着現在我們怎樣的同費爾巴哈意見不同呢！他那標識這愛的新宗敎的"美辭麗句"，在今日是已經不堪再讀了。

費爾巴哈所認眞研究的唯一宗敎，是基督敎，是根據着一神敎的世界宗敎。他證明了基督教神不過是人們之空想的反映——人們的映像。但是這種神的自身，是長期間的抽象過程所生下的產物，是往古許多氏族及民族神靈之結晶的精粹。所以，人的自身（他的影像，便是神靈），也不是實在的人們，而同樣的是許多人們的精粹，是抽象的人們，因此他自身也就是一個思想形像。企圖以感覺性，企圖以具體和實在性，來說明宇宙萬象的一位費爾巴哈，一說到了較普遍於單純性愛交際的人們相互間之交際的時候，便完全變爲抽象的傳道者。

並且卽所謂交際，在他看來，也只有一方面的意思：道德。而在這一點，他較之於韓格爾，不知要差得多遠，直令我們大吃一驚。韓格爾的倫理學或道德學，是他的法律哲學。這包含着：第一，抽象法律，第二：道德，第三，德性；而這一德性又包含着家族，市民社會和國家。這裏的形式雖則是這樣的抽象，但內容却是這樣的極其實際。這裏把法律，經濟及政治的領域同道德統括在一起。然而在費爾巴哈方面，則正相反對。他在形式方面是現實的，是從人們出發。但是對於這種人們所棲息的世界，却一語不發；因此這種人們依然和宗教哲學所說的人們是同樣的抽象的人們。這種人們，不是從母體生出來的，而是從一神敎的神靈脫骨換形出來的人們。因此，他也就不棲息於實在的，歷史的發生出來的，而有歷史規定性的世界上面。他固然要同他人交際。但這種他人，也同他一樣的是抽象的人們。(註一)在宗敎哲學方面，我們還有男性與女性的區別，然一到了倫理學，連這一最後的區別，也消滅了。在費爾巴哈的著作中，我們可以找出下列文句——雖然這些文句，互相不連結在一起而隔得很遠——"人們在宮殿中所想的，與其在茅屋中所想的不同"。——"你被困於飢餓和貧窮而身無一物的時候，你的頭腦，你的感覺及你的心胸

費爾巴哈的宗教哲學和倫理學

之中，決沒有向着道德走的東西。"——"政治非化為我們的宗教不可"等等。然而費爾巴哈對於這些文句，不知如何處置，所以牠們結局不過是些空洞文句。因此即史塔爾克也不得不說，政治是費爾巴哈所不可踰越的疆界，"社會學說，換言之社會學是他不可知的世界(Terra incognita)"。

（註）馬克思和格恩斯的"德國觀念形態"的關於費爾巴哈斷片中（馬克思恩格斯的文庫，第一卷，第二六三頁）說：根據這個分析，我們可以明瞭，費爾巴哈是在怎樣的企圖欺騙呢！他依着資格的關係，把'普通人'看做是共產黨員，而在客語中間，又把這樣共產黨員看做是'普通的'人。換言之，他以為可以把共產黨員這個字眼——這一字眼，在現今的世界上，是對於某一革命黨的黨員的標識——再化為單純的範疇。關於人們相互關係的費爾巴哈的整個演繹法，只是想去證明：人類是要互相維持，而且從來已經都

是這樣的了。他想確定對於這種事實的意識。所以，他同其餘的理論家樣，只想把對於現存的事實的正確意識，確立起來。——但是他把那實際的共產黨員那樣的弄得不成話，而推倒了現存的事實。"

同樣，他關於善和惡的對立的論究，比之於韓格爾，也現得平板無趣。韓格爾說"當一些人說人們生來就是性善的時候，他們便自以為說了：非常偉大事情的一樣！但是他們却忘記了：設若他說人性惡的時候，他便說了是偉大的事情呢！"。在韓格爾的意思說來，惡是歷史發展的推動力之一種表現的形式。而且這又包含着兩重意思：第一個意思是一切新的發展都必然的成為對於一切神聖化的東西的侵害物，換言之都是對於一切舊的，將要死滅的及為因襲習慣所神聖化的狀態的一種叛逆軍；第二個意思是，從有階級對立以來，一切歷史發展的槓桿，正是人們的邪惡的慾情——所有慾望和支配慾望。

比方封建制度和資產階級的歷史就是這樣一個唯一的和永遠不沒的實例。但是，關於這種道德上罪惡的歷史作用之研究，是費爾巴哈所夢想不到的地方。在他看來，一切歷史都是沒興味的沒情趣的領域。所以，他那樣的一句好話——"最初從自然發生出來的人們，不過是一種純粹的自然物，不能說是眞正的人們；眞正的人們是人們的產物，是文化和歷史的產物"，結局也成為了一句空言。

因此，費爾巴哈的以後的道德論，也自然是非常內容貧弱的了。他說，幸福的衝動是人們生來就有了的東西，因此牠便必然是一切道德的基礎。而這幸福的衝動，又要受着兩重制限。第一要為我們行為之必然的結果所限制：在高興的微醉之後要發生一個苦痛的沈醉；在恆常的縱慾之後，必繼之以疾病。第二要受着社會的結果的限制：如不會重他人與我們同樣的幸福之衝動的時候，則他們必然反抗我們而妨害我們自身的幸福。所以，結局，為要滿足我們自身幸福的衝動起見，必定要能够正確的評價我們行為所生出的結果；他方面，對於他人的幸福的衝動，也必須給以同等的權利。換句話說，在自身方面要有合理的節制，在與他人交際方面要有愛情——千篇一律的愛！——，這兩件東西，便是費爾巴哈式的道德之基本的法則，而從這一基本的法則，導出其他一切。不管費爾巴哈的議論怎樣的慷慨動人，不管史塔爾克的讚辭怎樣的說得驚人，也不能遮飾這兩個命題的貧弱內容和嚴板無趣。

設若只顧慮着自身個人，則幸福衝動，多半是不能滿足，而且也決不能使自身和他人的利益，兩立起來。反此，牠（幸福的衝動）必得要局外界，換言之，一切滿足慾望的手段——飲食，男女，書籍，會話，議論，活動及其他一切利用和加工的對象等等——，發生關係。費爾巴哈式的道德，必然要假定每人都無條件的具有了這類滿足慾望的手段和對象。不然，便要推想，這種道德對於沒有那些手段和對象的人們，只是一種不能實際應用的好聽的教訓，只是一種不值一顧的空言。而這種事情，費爾巴哈自身，在下面的一段話中，也已經露骨的說明了。他說："人們在宮殿中所想的，和其在茅屋中所想的不同；你被迫於飢餓和貧困的時候，你的頭腦你的感覺和你的心裏，決沒有朝着道德走的東西。"（註）

（註）費爾巴哈曾在他困苦多端的晚年的備忘錄中說："人所不能實現的計劃，便等於是死滅的意識，是一種不能成爲事實的畫餅；而人們之所以不能實現其計劃，正是因他除一身之外並無長物。我固然是對於世界無多大貢獻，而且也絕無貢獻，但這只是因爲我沒有甚麼。多給我一點東西的時候，我便爲多做一點：誰沒有能力就沒有志望。"

但費爾巴哈之對於他人幸福的衝動的同等看待,是否要比較好一點呢?不然!不然!他絕對的以爲這種要求是可以適用於一切時代和一切環境。但是從甚麼時候起,牠(要求)便可以這樣的適用呢?古代的奴隸和主人之間,中世紀的農奴和貴族之間,是否有什麼幸福的衝動的平等權利可言麼?被壓迫階級的幸福的要求,不是毫無顧慮的而且"依照法律"的爲支配階級之要求幸福所犧牲了麼?誠然誠然,但這却是一種不道德的事情,到了現在這種同等權利已被公認了。————一部人這樣的說着。但是怎樣的公認呢,是在言辭上的公認。換言之,卽是,資產階級,在其對封建制度的鬥爭中,在其形成資本主義的生產的過程中,不得不撤除一切身分制度(私人的特權)的時候以來,自牠(資產階級)不得不預先採用各個人之私法上的平等權而漸次的採行公法上— 法律上的平等權以來,便已承認了這

費爾巴哈的宗教哲學和倫理學　　　　　　73

樣的一個平等權。但是，幸福的衝動，發生於要求觀念上平等權利的，只是極小的一部分，而發生於要求物質手段的却占最大部分。然而資本主義的生產制度，正是要使具有這種平等權利的大多數們只能得到恰好維持那貧苦生活的資料，所以，大體說來，牠（資本主義的生產制度）也並沒有比那往古的奴隸制度和農奴制度，特別的尊重這種要求幸福的平等權利。至於滿足幸福要求的精神手段或教育手段，却又怎樣呢？是否有比較眞正的平等權呢？談到這里，我們且只說一句：卽所謂"Sadowa 的校長先生"自身(註)，也不只是一位古怪的人物麼，

　　（註）Lei P. it 大學的 Peschel 教授的話：Koniggratz（＝Sadowa）的勝利，是普魯士的校長先生們的勝利。

　　不惟如此。依照費爾巴哈式的道德理論的意思，如果人人都能得到投機利益的時候，那

末，股票交易所也可以說是道德之最高的殿堂了。比方，現在我的對於幸福的衝動，使我跑到股票交易所中去。假定我充分的正確的評價了我的一切行為的效果，事事都獲得了順利，而沒有遭着絲毫的損失，換言之，我不斷的獲得利益的時候，那末，費爾巴哈的一切要求，都已滿足。不惟如此，我這種行為，決沒有侵害他人同樣的幸福的衝動。為什麼呢，因為他人也同我一樣，根據他自身的意志而走到交易所中去，而且他同我做投機事業的時候，他也和我根據我的幸福衝動樣，根據着他自身的幸福衝動。設若他喪失了他的金錢的時候，那末就證明了他的行為是不道德。——因為他的行為是不大正確。而我則向他徵求當然的罰金，好像近代的 Rhadamanthus (註一)的樣，意氣揚揚的自鳴得意。所以，如果愛不是一種感傷的名詞的時候，則愛也可以充溢於交易所中。為什麼呢？因為在這中間，

費爾巴哈的宗教哲學和倫理學

各人可以在其他的人們中找出對於自身要求幸福的滿足,而這種事情正是愛所當爲的事情,並且要在這種事情當中,來證實愛的自身。而且當我正確的預想了我的行爲的效果而獲得了投機的勝利的時候,於是我便滿足了費爾巴哈式道德所要求的一切嚴格的條件,且又變爲富翁。簡括言之,不管費爾巴哈自身怎樣的不願意和怎樣的不預想,這種費爾巴哈式的道德,恰好適合於現今資本主義社會的需要。(註二)

(註一)古代希臘神話中的地獄裁判官中之一頁,

(註二)在一八八六年的第一次草稿中,還沒有這最後一句。

但這個愛是什麼呢?在費爾巴哈的意思,這個愛實是一種打破實際生活一切困難的普遍永存的魔力。而且牠在分裂爲利害正相反對的階級的社會裏,也是如此。這樣一來,愛之革命的性質之最後的殘滓,也便從哲學中消滅無餘,於是留下來的是那陳腐舊語：你們宜互相親愛，宜不分性別和身分資格的而互相懷抱。這眞可說是一場萬民協調的夢想呵！

綜括的說來。費爾巴哈的道德論，同古來一切的道德論，毫無差異。這種道德論，可以適用於一切時代，一切民族及一切環境。因此，這種道德論也就在無論甚麼地方在無論甚麼時代都是不能實行的東西。牠對於實在的世界，也像那康德的無上命令樣，是毫沒有內容的東西。事實上，每一個階級，而且甚至於每一種職業，都各自有特殊的道德。而且假定某一種道德，對於他們的惡行不加以制裁，那末，他們也就破棄了這種道德。而所謂四海同胞的博愛，一到了戰爭，鬥爭，訴訟，家庭紛爭，離婚及甲某對乙某之無情的搾取的時候，便露出牠的本相。

費爾巴哈自身所創造的這一偉大的原動力，為甚麼對於他自身這樣的不發生效果呢？這

費爾巴哈的宗教哲學和倫理學

個理由，極其簡單。卽是因爲費爾巴哈不能夠發現一條路徑，從他自身所極壓棄的抽象世界轉到生氣勃勃的實在的世界方面來。誠然，他死死的抓住了自然和人類。但他看來，自然和人類，只是一些空洞名詞。他對於實在的自然，對於實在的人類，不能夠指出什麼很明確的事實。(註) 我們只有把人類認爲是在歷史上行動的人類，於是，人類纔從費爾巴哈的抽象人類，化爲有生命的實在的人類。然而費爾巴哈却放棄了這種想法。所以，他所不能了解的一八四八年，可以說是他與現實世界永遠絕緣的一年，是他遁入那孤獨生活的一年。但是這種事情，不應歸咎於他自身，而大部分應歸咎於個他零落的當時的德國狀態。——這已如　面所述。

(註)"費爾巴哈特別鄭重的說些什麼關於自然科學的觀念的話：……但是，設若沒有產業和商業，又有什麼自然科學可言呢？卽所謂"純粹的"自然科學也

要有了商業和工業,也要經過人類的感覺的活動,纔能獲得其目的和材料。"(馬克思,恩格斯的"(德國觀念形態馬克思恩格斯底文庫,弟一卷,二三四頁)

但是,費爾巴哈所不能了結的事情,人們必要把牠完成起來。費爾巴哈的新宗敎的核心——對於抽象的崇拜,必得要讓位於實在人們的及其歷史的發展。而首先使費爾巴哈的立塲,超越着費爾巴哈自身,更加發展起來的,便是馬克斯的"神聖家族"。

四　辯證法的唯物論

史托辣斯，鮑爾，史梯蘭爾，費爾巴哈——這些哲學家們，在他們沒有離開了哲學領域的範圍以內，是韓格爾的哲學的分派。史托辣斯，在他著了"基督傳"和"信條論"以後，便專門賣弄 Re sn （註）式的哲學的及教會史的美文學。鮑爾只是在基督教發生史方面有所貢獻，而比較有相當的成績。史梯蘭爾，即在巴古甯把他同蒲魯東括在一起而概呼之爲"無政府主義"以後，也依然始終如一的是一個怪物。只有費爾巴哈在哲學略占了重要地位。但是表面上，位於一切科學之上而把牠們綜合起來的科學中之科學——哲學，在他看來，總是一不可踰越的障壁，一不可接近的靈界。不惟如此。而且他是一半途而廢的哲學家。下半身是唯物論者。上半身是唯心論者。他不拿批評的力量去結果韓格爾，而只以爲是沒有用處，簡單的把牠拋棄了。但是，韓格爾哲學體系小有那樣的百科辭書的豐富內容，而他則除了說些誇大的愛的宗教和毫無內容毫無根據的道德以外，沒有做了甚麼積極的業績，

（?）Renan（一八二三——一八九二年）是法國的一位東洋學者，一位多作的著述家。他的"耶耶傳"在一八六三年出版。

然而從韓格爾學派的解體中，却發生另一分派。這是唯一的獲得了眞正効果的分派。而

辯證法的物論

這一派同馬克思的名字實有密切的關係。(註)

(註)"我且在這裏對我自身要釋明一下。近來常有人說我對於上述理論有些貢獻，所以我在這個地方不得不費幾句話，來釋明一下。在我與馬克思的合作的四十年間及在這種時期以前，我在確立我們的理論的事業當中——尤其是在完成這是理論的事業當中，也有了若干獨立的貢獻，這我自身也不能否認。但是這種理論之指導的根本思想，尤其是關於經濟學和歷史學的方面（特別的是對於他們的根本原理的澈底理解），大部分是馬克思的功勞。我是貢獻的部分，不過是二三的專門的部分。並且這二三部分，就沒有我的幫助，馬克思自身也是可以完成起來的。然而馬克思的那種事業，我是做不起來的。馬克司所站的地方，比我們要高得多，他的眼光，比我們要射得廣大，他所觀察的比我們都要豐富而且迅速。馬克司實是一種天才。我們至多也只能說是有才有能。設若沒有馬克司，現在我們的理論，決不能這樣。所以，這種理

論當然是要帶上馬克思的三個字，"（恩格斯原註）恩格斯的這種自謙態度，是在人類思想的英雄史上沒有的事情。而這種自謙的態度，恩格斯在他給 Becker 的一封信中（一八八四年十月）又表現出來"我一生做了我所應了之事，換言之，當了第二提琴音樂家琴演奏者。而且我也相信我所應完成的事業，全部已經弄好了。我所欣喜的，即是在我之前有一位第一的無名的琴音樂家——馬克思。"（恩格斯："遺書集"）

這里，同韓格爾哲學的分道揚鑣，也就是由於復歸到唯物論的立場的結果所致。即是說（人們指馬克思而言）在這個時候決意去把握那實在的世界——自然和歷史；而這種世界是一種世界——直接的反映在沒存有唯心論的偏見而與實在世界相接觸着的一切人們的眼光內。並且在這個時候，人們也決意毫無顧慮的犧牲一切唯心論的狂想——這種狂想，和事實，決不能

辯證法的唯物論

和。而這種事實，我們只有在牠自身的聯絡中，纔能了解，決非空想所能把握。一般的所謂唯物論，也就不過是這種意思。但這裏特別不同的地方，卽是：唯物論的世界觀，到這裏，纔眞正的被看做一個題目而被研究起來，到這裏纔澈底的被擴充到一切世人所討論的人知識領域（不必談細目，卽單就大綱而言）。

這裏決沒有輕易的排棄了韓格爾。反此，主張唯物論的世界觀的人們，還要結合於上述韓格爾哲學之革命的方面——辯證法的方法。但也決不能在韓格爾的原形中去適用這種方法。其在韓格爾，辯證法是槪念的自身發展。絕對槪念不獨是從邃古——雖不知其爲何時——以來就已存在着，而且是現存全世界之有其特殊生命的精神。這一絕對槪念，經過着"論理學"方面所詳細討論的一切預備階段，換言之，通過着這一槪念所包含的一切預備階段，而發展到其自身。然後牠又"顯揚"起來,轉化爲自然。一轉化到了自然,便消失牠自身的意識,以自然的必然性的形態,又經過一些新的發展。最後在人們又再歸趨到自身意識。這一自身意識,現在又在歷史中,從粗笨的形態中鍛煉出來。結局,絕對概念遂在韓格爾哲學中,完全復歸到自身。如此這般,在韓格爾方面說來,表現於自然和歷史中間的辯證法的發展,換言之,通過着一切曲析運動和一時的後退運動而由階級進展到高級的因果的聯結,不過是一種概念的自身運動的模寫。而這種概念的運動,是從邃古以來——雖不確知其從何時以來——就常離開着人們思想中樞的頭腦立的進行着。這種唯心論的顛倒,自非除去不可。我們不認爲實在物是絕對概念的某種階段的映像。反此我們必須再行依照唯物論的解釋,認爲我們頭腦中的概念是實在物的映像。於是無論在外部世界或人們的思唯中,辯證法更互相調還元為一般運動的法則（外部世界中的運動法則和人們思維運動的法則）的科學。——而這兩個本刊的法則，在實質上看來，雖則同一。但在表現上說來，假定人們頭腦能夠意識的利用這些法則的時候，則互不相同。但是，這些法則，在自然方面固不待言，即在從來人類史的大部分中，是沒有被意識的利用過的。牠們只能以一種外部必然性的形態。在外觀的偶然性的無限的連鎖中，把牠們自身貫徹起來。於此，概念辯證法的自身，便成為實在世界的辯證法的運動之意識中的反映。同時，也就把頭在下面倒插天樹的韓格爾辯證法，再行歸還到以脚踏地的直立的位置。而最堪注意的，即是，近數年來成為了我們工作之最好工具和尖銳武器的這一唯物辯證法，不獨為我們所發見，而且還為與我們甚至於和韓格爾全沒關係的德國一工人——底茨根(Jo seph Dietz gen)(註)所發見。

(註)參照"一個手工工人的頭腦勞動的本質"(恩格斯註)底茨根(一八二八——一八八八年)是一位無產的哲學的獨學者,他對於馬克思主義的哲學,有多大的貢獻。但是在他的著作內,還有不少曖昧的地方。關於這個,請看列甯的"經驗批判論"。他的兒子 Eugen Dietzgen 却把他父親的著作弄到一種令人噴飯的偶像的地位。因此使現在一般人不能認識底茨根的重要意義,而在他的兒子的著作中,一位老革命家的底茨根,還被降低到一種改良主義者的精神水平綫呢!

但是這里再把韓格爾哲學的革命的方面採用起來,同時也把妨害韓格爾哲學革命方面完全成功的一切唯心論的假裝,擺脫淨盡。一種偉大的根本思想認定:世界不是完成的事物複合體,而是過程的複合體;在這一過程中,外觀上的固定這種物及固定物反映在頭腦中的思想像,換言之,概念,都要經過一種恆久不斷的生成和死滅的變化；而在這一變化中，不管表面上發生了若干的偶然事件，不管發生了許多的一時的退步，結局，是要發生一種進步的發展過程——這樣的一種巨大的根本思想，特別的從韓格爾以後，深深的印入一般人的意識之中。所以牠在這樣的普遍性的形式中，是不能引起反對論的。但是，在言語承認這種思想，和事實上在研究對象的各個領域內去把牠實行應用起來，自然是兩件事。設若我們在研究中不斷的根據着這種觀點而出發的時候，那末對於甚麼終局的解決和永久的真理的要求，便立即消滅。這樣一來，人們於是常知道，現在所獲得的一切知識都是有必然的界限的，牠們都是被拘束於當時的狀態之中。同時，現猶殘存的舊形而上學所不能克服的一切對立——真於偽，善於惡，同與異，必然與偶然等等——，也不能使我們發驚了。這些對立，只能有相對的妥當性，今日之所謂爲眞的事物，在牠的內部，實包含着日後將要現形出來的僞的方面。同樣，今日之所謂爲虛僞的東西，也包含着眞的方面。而這一眞的方面，便是牠在過去之所以爲眞的原因。而且所謂必然的東西，也由偶然集合而成的。同樣，表面上現得是偶然的東西，也只是一種形式而在這一形式的後面，實藏有的必然東西。——其他等等，姑不贅述。

韓格爾所稱爲"形而上學的"舊式研究方法和思想方法，是特別專門從事於所謂既成固定的事物的研究方法。這一方法的殘滓，現在猶倔強的殘存於人們的腦經內。但是這種方法，在牠盛行於世的當時，實具有其巨大的歷史的理由。凡在能夠研究各種過程之前，必先要研究在這一過程中的事物。人們在能認識某一事物的變化運動之前，必先要認清這一事物的本身。而在自然科學方面，正是這樣。舊的形而上學——把事物認爲是旣已完成的形而上學，實發生於一種專門硏究旣成的生物或死物的自然科學。但是當這種硏究更加發達起來而轉移到系統的硏究———對於上述個個事物同時發生於自然界中的諸種變化的系統的硏究———的時候，當牠獲得了這樣的一個巨大進步的時候，於是即在哲學的領域中，舊式形而上的死期也便已到來。事實上，設若到前世紀末期的自然科學大半是蒐集的科學，硏究旣成事物的科學的時候，那末，現世紀的科學，本質上，便成爲了整理的科學，成爲了硏究過程的科學，硏究這些事物學的起源和發展的科學，硏究這些自然現象全體間的聯絡關係的科學。硏究着動植物有機體的變化現象的生理學，硏究着從萌芽狀態發展到成熟狀態的各個有機體的發生學，硏究着地殼漸次形成的地質學———凡此一切科學，都是現世紀的產生物，但是，最能使我們對於自然現象的聯絡的研究有長足進步的是下述的三大發見。第一是單位細胞的發見。發見了，動植發體都是由細胞的增殖和分化發達起來的。因此，不獨認識了：一切高等有機體的發達和成長，都按照着唯一的普遍法則而進行。而且還在細胞的可變性之中，找出了有機體的變種的道路和依據這種變種而完成起來的超個體的進化的途徑。第二是能力變化的發見。有了這樣的一個發見，便證明了，一切在無機界中發生作用的力量，換言之，機械力及其補充力――所謂位置能力，熱，輻射（光線或輻射熱）電氣，磁氣及化學的能力等等，都是宇宙的運動之各種形態的表現。而這些能力，都按照着某一定量的比例關係，從一個形態轉變到他一個形態。因此，一種形態的能力的消滅，便同時是他一形態的能力的發生。如此這般，自然界的全部運動，根據這種不斷的變化過程，從一個形態歸趨到他一形態。第三的大發見，便是達爾文所創始的綜合的證明：現在我們周圍的一切有機的自然物——人類也包含在內——的存在，是最初從若干單細胞的胚芽而出發的長期進化過程的產生物；而這種胚芽自身，也是從發生於化學過程中的原形質或蛋白質而發生出來的東西。

　　有了上述的三大發見及其他自然科學界之若干長足的進步，於是現在我們不單是能夠證明各個領域內之自然現象間的聯絡，而且能夠證明各個領域內於全體的關係。因此，我們拿經驗的自然科學自身所獲得的諸種事實，差不多可以系統的描寫一副鳥瞰圖，來表示自然的聯絡關係。而從前，這種綜合圖的供給，便是自然哲學的任務，但是這種自然哲學，只是拿觀念的，空想的聯絡，來代替未知的實在的聯絡；拿想像來補充缺乏的事實！拿簡單的幻像來填滿事實的空隙，因而完成了牠的任務。自然哲學，當牠完成這種任務的時候，雖則擁有了許多天才的思想，而且也已預知了後來所產生的許多發見，然而却暴露了許多極其荒謬的事情。而這種荒謬的事情，在當時的自然哲學，實為萬不得已。但在今日，假若我們能夠辯證法的理解自然研究的結果，換言之，假若我們能夠了解牠們自身聯絡的意義，便可以達到適合於我們現在要求的"自然體系"不惟如此，而且這種聯絡之辯證法的性質，卽是受了完全形而上學的訓練的自然科學者的頭腦，也不得不把牠承認起來。一到了這種的今日，於是往年的自然哲學，也就不得不永遠的被葬送到九霄雲外去了。而在這種時候，舉凡一切想要使這種自然哲學死恢復燃的企圖，不獨是沒有用處，而且是一種退步。

但是，自然方面（這裏我們也認定自然為一歷史的發展過程）所能應用的事情，也可以應用於社會歷史的一切部門，也可以應用於討論人們（及神靈）的事情的科學全體。在這一方面，從來的歷史哲學，法律哲學，及宗教哲學等，都是建立在下列的事項的上面：不就事實來證明實在的聯絡而從哲學家的頭腦中去捻出聯絡；認為歷史——無論認為全體抑為各種部分——是理念之漸次的實現，（而且這種理念自然是哲學家自身所嗜好的理念）。即是，照從來的意思說來，歷史是朝着原來已經確定的某一觀念的目標而無意識的必然的前進的一種東西。比方韓格爾，他認為歷史是以實現他的所謂絕對理念為目標而向前進；而朝着這一絕對理念前進的方向，便形成歷史事實之內部的聯絡。他們是以無意識的或漸次發生意識的新的神意，來代替未知的實在的聯絡。所以，現在，在歷史的方面，也和在自然界方面一樣，這種人為的捏造的聯絡，也被那實在的聯絡的發見，葬送到九霄雲以外。而這種發見的任務,結局,便不外乎是在發見一普遍的運動法則———一種支配着人類社會的歷史而在這一歷史中把自身貫澈起來的法則。

但是,社會的發展歷史,在某一點,却與自然的發展歷史本質不同。在自然界方面,設若我們把人類對於自然的反作用置之度外,則只有毫無意識的盲目的動機,互相的作用起來。而在這些動因的交互相作用中間,普遍的法則便活動起來。凡在自然界所發生的一切現象無論是表現出來的無數的外觀上的偶然現象,或是證明着這些偶然現象內部之合法性的終極現象)之中,沒有一件是其自己意識的目標的。反此,在社會歷史中,則一切的行爲者,都是具有自身的意識,都是經過考慮和適應着感情而行動起來,都是朝着一定的目標而活動起來的人們。如若沒有意識志望和自願的目標,也就不能發生什麼行為。這種差異，對於歷史的研究，尤其是對於各個時代和事件之歷史的研究，固屬重要。但是歷史的過程，却依然是被支配於歷史內部普遍的法則。何以說呢？因為卽在歷史方面，雖則一切的個人都有他意識的要求的目標，然而表面上就全體看來，却依然是偶然事件支配一切。自己所欲望的事情，極難如願所償。往往多數意欲的目標不是互相交錯反撥，便是這些目標開始就沒有實現的可能性。或甚至於是實現這些目標的手段不大充分等等。因此，無數個別意志和個別行動的衝突，在歷史方面也就造出一種狀態。而這種狀態，和無意識的自然界的狀態，完全相同。行為的目標，是自身所欲的。但是這種行為事實上所惹起的結果，則非已所欲卽或最初感覺得與自身所欲的目標相符合，但是牠的結果，却給局與自身所欲的，全然相反。所以，歷史上的事件，若就全體看來，也好似同樣的被支配於偶然性。不過表面上雖現得是受着偶然性的支配，而其實這種偶然性却又不斷的受着牠內部的潛在法則的支配。而現在的問題，便是在發見這種法則。

人們追求着他們自身的意識所欲的目標而製造他們自身的歷史（註）——不管這歷史的結果怎樣。而這些朝着種種方向進行的許多人們的意志及這些意志對於外界的多種多樣的影響之結果，便不外是歷史。所以。問題又在：多數的個人的意志究竟如何？意志被決定於熱情或考慮。但是，更進一步的說來，直接的決定熱情或考慮的槓杆，又極其多種多樣。在這些槓杆之中，一部分是外界的對象，一部分也許是觀念的原因——名譽心"對於眞理和正義的感激"及一切種類的個人的厭惡或純粹個人的妄想等等。但是一方面我們已經知道，在歷史中發生作用的許多的個別意志，差不多常常生出了與自身所欲的結果全然不同的結果，或甚至於往往生出正相反對的結果。而且因此，我們也就已知道，這種原因，對於整個結果，結局只有從屬的意義。他方面，又發生下述一個問題：更進一步的追究起來，在這種原因之後，又有甚麼的推動力呢？而且是什麼樣的歷史的原因！變為這樣的原因，存在人們的頭腦中呢？

(註)參照一八九四年一月二十五日的恩格斯與爾巴哈書簡（恩格斯文鈔，維也納，一九二〇頁，一八二頁）。那里說"人們製造他們自身的歷史。但是要在一定的和規定的條件之下，要根據面前的事實的關係，來製造這種歷史，而在這些關係中的經濟關係雖則極其受着其餘政治和觀念的關係的影響，但結局牠是最重要的關係，牠單獨的形成一根一貫如注的紅線，使我們能夠了解歷史的變化。"

舊的唯物論，決沒有現出這樣的問題。所以，舊唯物論的歷史觀——假定有這樣的一個歷史觀的時候——,本質上,是一種唯實主義的(Pragmatsch)歷史觀。這種歷史觀,專門從人們行動的動機,來下批評。牠把歷史上行動人們,分成君子和小人,而在原則上認爲君子是要被欺詐,小人是要獲勝利。這樣一來,於是,從舊唯物論方面看來。歷史的研究便沒有多大益處。而在我們看來,舊唯物論便已在歷史方面失去了牠自身的信用。爲什麽呢,因爲舊唯物論把在歷史上活動的觀念的衝動力看做是最後的原因,而不更進一步的在這種原因的後面去找出原因—換言之,不去追求使這一衝動力發生的原動力。舊唯物論之不澈底的地方,並非在牠承認了觀念的衝動力一點,而是在沒更有追本遡源的去找出推動這一衝動力的原因的一點。反此,歷史哲學——尤其是韓格爾所代表的歷史哲學,則認爲活躍於歷史舞台上面的人們之表面的或現實的活動原因,決不是歷史對事件之最後的原因。而認定在這種動機的背後，還存有他種的推動力，而這種推動力，便是我們應當要追求出來的東西。雖則如此，但是，這種歷史哲學，不去從歷史本身中間找出這種推動力，却從外部的哲學的觀念體方面，把這種力量輸入到歷史方面來。例如，韓格爾把古代希臘史，不從牠自身內部的聯絡加以說明，而簡單的認定牠不過是"美麗的個性的形姿"的完成，不過是這樣的一種"藝術"的實現。在這個當兒，韓格爾還對於古代希臘，添上許多美麗，奧妙的話，但是我們現在對於這種一片之詞的說明，都已經不能夠表示滿足了。

所以，問題結局旣已歸到，要在活躍於歷史上面的人們之動機的背後去找出推動力，去找出形成歷史之固有的最後衝動力的原動力（牠們是意識的無意識的存在於人們的動機的背後，而事實上大半是無意的存在那里），那末，現在問題就不在乎各個人——那怕他是怎樣的偉大人物——的動機如何,而在乎推動着大衆,諸種民族的全體及這種民族內部的一切階級的動機怎樣。而且這種動機、發展擴大的時候,便成爲永繼的,縱貫於巨大歷史諸變動中的行動,而決不會化爲一時的螢光和立即烟消霧散的鬼火。歷史上一切起動的原因,都成爲一些明瞭或不明瞭的意識的動機,而直接的或觀念的,或甚至於往往神祕的不可思議的,反映到活躍於歷史上面的,羣衆和其指導者(卽所謂偉人)的頭腦裏。而這類起動的原因的闡明,便是唯一無二的大道,指導我們去找出整個歷史或各個時代和各個國土的運動法則。凡是推動人們的一切原因,都必要經過人們的頭腦。但是,這一切原因在人們頭腦中所取的形態如何,畢竟與周圍的情形有密切的關係。比方,現在的工人們,已不像一八四八年在萊茵地方的樣,不再去破壞機械。但是他們和資本家的機械企業，却決不妥協。

這種歷史的起動的原因的闡明，有從來的各種時代中，因爲原因和結果的關聯還極其錯綜而不顯明的原故，都差不多完全沒有實現的可能。但是到了現在，這種關聯化爲簡明。於是把從來的謎惑一掃淨盡。自大產業成立以來，換言之，至遲自一八〇五年歐洲進到了和平狀態以後，英國的整個政治鬥爭，都是兩個階級——地主的貴族（eanded aristocracy）和資產階級（middle class）——爲爭得政治上支配權的鬥爭。這在當時的英國，實成爲了公然的祕密。法國則自 Boubon 王朝復興的當時，便同時表明了與上述同一的事實。法蘭西王朝古時代歷史學者——自 Thiery 以至於 Guizot, Mignet 及 Thier 等等——，都認爲這種事實是理解中世紀以降的法國歷史的樞紐。到了一八三〇年以後,在英法兩國,便現出了爭取支配權的第三鬥爭者——工人階級。那時以來,諸種關係,便更加明顯起來。所以,人們如果不故意閉着眼睛,則他必會在這三大階級的鬥爭中間,在他們的利害顯衝突中間,看出近代歷史的推進力。——至少也要在兩個最進步的國家中,看出這樣的推動力。

但是這些階級怎樣的發生起來呢。人們在舊時封建的大土地所有的發生裏面——至少也在牠的最初!還可以在一見之下,看出政治的原因——暴力的占領。但是一到了資產階級和無產階級方面,這種方法便不能適用了。這個時候,這兩大階級的發生和發展,很明瞭是根據着純碎經濟的原因。而且無論在地主對資產階級的鬥爭中,或在資產階級對無產階級的鬥爭中,問題也同樣的極其明瞭,都歸趨到經濟的利害上面。而所謂政治力量,都不外乎是為貫澈這種經濟利益的一種手段,資產階級和無產階級,都是由於經濟的關係,詳言之,都是由於生產方法的變化的結果發生出來的。最初是基爾特的手工業之轉移為工場的手工業,其次便是工場的手工業之轉移為蒸汽經營和機械經營的大工業,而使這兩大階級發展起來。到了某一階級,有產階級所運轉的新生產力——最初是分業和集多數部分的工人於一整個的手工業工場內——與資產階級所發展的交換條件和交換要求,便同旣成的生產秩序,互不相容。而這種旣成生產秩序,是從歷史上傳下來的而且被法律抬高到了一種神聖的地位。換句話說,到了這個時候,上述的交換條件和交換要求,便與封建的社會制度中基爾特的特權及其他許多個人的地方的特權(這種特權,對於沒有特權的人們,也同樣的代為桎梏),不能一致。於是資產階級所代表的生產力,便向封建的地主和手工業老板所代表的生產秩序高揭了反旗。這一結果，便破壞了封建的桎梏。這是人人都知道的。而這一破壞在英國，則徐徐的，在法國則極迅速的被完成起來了，在德國則猶未完結。但是，好像工場的手工業在某一階段中同封建的生產秩序起了衝突的樣，現在大工業也和繼封建生產秩序而起的資產階級生產秩序，衝突起來了。被束縛於這種生產秩序被限制於資本主義生產方法的狹小界限之內的大工業，一方面使整個巨大的民衆漸次的無產階階化起來，他方面越發多多的生產着大量的無可消售的生產物。生產過剩和大衆貧困（兩者互爲因果），正是大工業必然陷入的矛盾。而這一矛盾，必然的拿變革生產方法的方法，來要求生產力的解放。

所以，至少我們也可以在近代史中，證明次列的事實：一切政治鬥爭都是階級鬥爭；而一切階級解放的鬥爭，雖則必然要帶上政治的形式

(因為一切階級鬥爭都是政治鬥爭之故),然而結局是以經濟的解放為其中樞。因此,最小限度,在這個地方,國家——政治的秩序是從屬的東西,而資產階級社會——經濟關係的領域,却是決定的要素。舊來的思想(韓格爾也抱了這種思想),認為國家是決定的要素,而認為有產階級社會是為國家所規定的要素。這種思想,表面上看來,的確是有些道理。卽是,好像在個人的時候樣,必先要這樣個人的行動的一切原動力通過了他的頭腦而化為了意志的動機,然後他纔能行動起來。同樣,有產階級社會——不問誰個階級在這一社會上占住支配的地位——的全部要求,要在一種法律的形態中獲得一般的効力的時候,必先要通過國家的意志。這是事情的形式方面而且是應當如此,但現在的問題,是。這一純粹形式上的意志(無論其為個人的或國家的意志)到底有什麼內容呢,這一內容從何發生呢，爲什麼只要求某一內容而不要求其他的內容呢。一追究到這裏，於是我們便明瞭：在近代的社會，國家的意志，就全體看來，是被決定於有產階級社會的要求，是被決定於這個或那個階級的優越權，而歸結起來是被決定於生產力及交換關係的發展程度。

但是，卽在擁有巨大的生產手段和交易手段的近代中，國家旣已不是能夠獨自發展的領域，而牠的存在和發展，結局反是要根據社會之經濟的生活條件，纔能說明，所以這種事情對於旣往的一切時代，當更要適於實情。爲什麼呢？因爲在那些時代中，爲維持人們之物質的生活的生產，還沒有似近代的樣，拿這樣充分的補助手段實行起來；因此，這種生產的必要，對於當時的人們自由，比之於近代，常更加以多大的束縛。而且，設若在具有大工業和鐵道的現代，整個的國家，尙且不過是一種綜合的形態（在這種綜合形態中,支配着生產的階級之經濟要求,全部反映出來）那末在往昔末時期（在這些時期中,人類爲滿足物質的需要起見,不得不消耗其全生涯中的大部分；因此,比之於我們的今日,還更要多大被牽制於物質的需要）,國家當更要是這樣的一個綜合形態。這種事實,設若我們一研究了旣往諸時代的歷史而細細的對於這方面加以考察的時候,便可以充分的證明出來。但是現在我們對此却不能詳細論述。

旣然國家和國家法律是被規定於經濟關係那末私法也便要更加如此,何以說呢？因爲這種私法,本質上,不過承認許多個人間之旣成的及適合於當時情狀的正當經濟關係而已。但是,這種根本事情所採取的形式,却極其多種多樣。譬如,好像在英國的樣,能夠適應着國民的整個發展的步驟,把大部分舊時封建的法律的形式保存下來而給以有產階級的內容；不惟如斯,而且還甚至於可以硬把有產階級的內容，直接的加之於舊有封建的名稱裏面。此外，又好像在西歐大陸的樣，可以給商品生產社會之最初的世界法——羅馬法，加以可驚駭的深刻的修正，而後把牠做為單純商品所有者一切的主要法律關係（購買者對販賣者債權者，對債務者，契約，債務等等）的基礎。並且在這個時候，為保持小有產階級及半封建社會的利益起見，還可以單拿裁判上的實際運用方法，把羅馬法攛改起來，以適合於現在的社會狀態（普通法）；或甚至於可以利用那些假學問假道德的法律家，把羅馬法攛改成為一部光怪陸離的法典，以適合於那種社會狀態。——不管這種法典，在那種狀態之下，從法律上看來，是怎樣的不正當。（普魯斯的國法，卽是一例）。或如在資產階級的大革命以後，可以同樣的拿羅馬法做基礎．而造出一部像法蘭西"民法法典"樣的資產階級社會的古典法典所以，歸結起來便是：資產階級的法律規定，既然不過是社會經濟的生存條件之法律形式的表現，那末，這種表現的方法，當然是要隨着種種不同的情形，個別互異。

支配着人們的觀念的權力，首先表現於國家的形式中。人類社會造出一種機關，以防備他們共同的內憂外患。而這一機關，便是國家權力。這個機關，在牠將發生未發生的時候，便成爲一種獨立的機關，和社會相對照起來。隨着這種機關之變化爲某一階級機關的程度，隨着牠直接的實行這一階級支配的程度，便越發多多的帶上獨立的傾向。所以，被壓迫階級對於支配階級的鬥爭，必然的成爲政治鬥爭，必然的首先成爲對於支配階級的政治支配權力的鬥爭。但是關於這種政治鬥爭同經濟基礎的聯絡的意識，也許漸漸化爲不明而至於全然消滅。這種事情，在參加着這種鬥爭的人們中，固未必都然。

但是，在歷史家方面，差不多毫無例外。譬如，在關於羅馬共和國內鬥爭的古代文獻中，能够抓住問題的究極原因，能够明瞭的指出土地所有制度的，只有歷史家 Appian 一人而已(註)。

(註) Appian 是帝政時代的羅馬的歷史家，特別的敍述了羅馬內亂。他所生的時代是紀元後二世紀。

但是國家一旦對於社會獲得了獨立權力的時候，牠便立刻產生了其他的觀念形態。於是，法律同經濟的事實的關聯，在一般專門的政治家，國家的理論家及私法的法律家等等的眼裏，首先便無形的全部消滅了。既然，在無論甚麽時候，經營的事實，必然的要探取一種立法的動機形式，而後纔能得到法律的公認形式，而且這時還要要考慮既已發生效力的整個法律體系，所以，法律的形式，便包攬一切，而經濟的內容，則喪失淨盡。於是，國家同私法，便被認爲是一種獨立的領域。而這種獨立的領域，在他們（指上

辯證法的唯物論

述的政治家，理論家等等而言）看來，不獨有獨立的發展歷史而且能夠有其自主系統的敍述。而爲達到這種目的起見，他們便不惜將一切內部的矛盾澈底的消除淨盡。

至於更上一層的，換言之，更加離開了物質的經濟基礎的觀念形態，則是哲學和宗教的形式。這個時候，觀念同物質的存在條件間的關聯，越發複雜。因爲參進着媒介物的原故，越發不易認識。但是，那種關係，却依然存在。好像十五世紀中葉以後的整個文藝復興時期是都市（換言之，市民階級）的之本質的產物樣，新興的哲學，也是如此。換句話說，這種哲學的內容，本質上，不過是一種思想之哲學的表現。而這種思想是適應着當時發展——由小有產級階中有產階級到大資產階級的發展——的實情。這個我們可以在前世紀的英國人和法國人（他們往往是以經濟學家而兼哲學）中間明瞭的認識出來而且這我們已在上面的關於韓格爾學派的論述中證明過了。

　我們且要簡單的研究一下宗教。因為宗教最是同物質的生活相離隔着，而且牠現得是同物質的生活最沒有牽連。我們知道，人類在極野蠻的時代，對於人們自身的性質，及對於人們周圍的外界的性質，抱有了錯誤的野蠻的觀念。而從這種觀念，便發生了宗教每一觀念的形態，當牠一旦發生的時候，便同其表象材料相結合着而發展起來，並且使這種表象材料也發展起來。不然，便不能叫做什麽觀念形態。換句話說，我們決不能拿一種本質性樣的思想，來做問題。——而這種所謂本質性，是有獨立的存在和獨立的發展的，而且只遵照牠自身的法則。人類（思考過程在這種人類的頭腦中進行起來）之物質的生活條件，結局，規定那種思考過程的路綫。但是這種事情，必然不能引起人們的意識。

何以說呢，因為若不這樣，則一切的觀念的形態，都會失却其存在。這種原始的宗教觀念，最初固然大都是比較接近的諸民族之共通的觀念。但是到了那些民族分離之後，那種原始的宗教觀念，便在各個民族之內，適應着牠們各自的一定生活條件，而獨自互異的發達起來。而這種過程，在若干的民族羣，尤其是在亞里民族（卽所謂印度歐羅巴民族），我們可以從所謂比較的聖話學中，個個的觀察出來。各個民族所造出的神神靈靈，便是所謂民族神。而這些神靈所管轄的領域，都不出乎牠們所保護的民族的範圍。在這一範圍之外，便是其他的神靈的獨占舞台。這些神靈，在這些民族存在的期間內，繼續的存在於人民的觀念中。而當這些民族殁落的時候，那些神靈也就在死滅。這些古代諸民族的殁落的結果，便發生了羅馬帝國。但是我們對於後者之經濟的發生條件，在這裏無研究之必要。古代的民族神固然滅落了。但是同時,從來支配着羅馬都市的狹小的區域的羅馬神,也滅亡了。想拿世界宗教來完成世界帝國的要求,我們可以在當時的企圖——企圖把自己國內的神靈同一切有神靈資格的外國神靈,都搬進到羅馬帝國內,以引起一般人民對於牠們信仰而替牠們設立祭壇——中,很明白的看窺出來。但是,新的世界宗教,決不有這樣皇帝的一個命令所能造成的。他方面在這個時候,新的世界宗教——基督教,便由普及於當時的東洋的——尤其是猶太的——神學和通俗化的希臘哲學(尤其是斯托亞哲學)的混合物中間,暗暗的抬頭起來了。基督教在牠的原始時代,到底是一個什麼?——這一問題,我們還必得要重新的苦心的研究一番。為什麼呢?因為傳到我們時代的基督督之公認的形態,已經不過是基督教之國教的形式,而這一國教化的目的,經過了那尼克安會議(註一)以後,纔完成起來。基督教發生之後，經過了二百五十年，便變成了國教——這種事實，充分的證明着牠是適合於那個時代的實情。在中世紀死的時候，基督教，適應着封建制度的發達而發展為適合於這種制度的宗教。同時也適應着這個而發生了封建式的教權制度。一到了有產級階抬頭起來的時候，普羅坦斯突的異教（Protestantische Ketzerei）便發達起來，而與封建式的加特力教相對抗着。換言之，當法國南部都市繁榮的時期，這一宗教，便首先在這一地方的亞爾比派運動(註二)中間發達起來。同時，中世紀又把其他一切的觀念的形態——哲學，政治學，法律學等——歸併到神學而使成為神學的部屬。而且一切社會的政治的運動都採取了神學的形態。這種事實，便表明着：如欲在專門受了宗教的薰陶的當時大家情緒中引起一大波浪的時候，自非使大眾的利害帶上宗教的顏彩不可。並且，好像市民階級一開始便產生了後來的無產階級的前身——沒有財產的而且不歸屬和任何公認身分階階的都市平民，日傭工人及其他一切種類的僕婢等等——的樣，異教也在其最初，便分離為市民的穩健派和平民的革命派。——而這一革命派在當時卽已遭着了市民的異教的嫉忌。

(註一) Nicaa 的宗敎大會

(註二)根據着法國的都市 Albi 而命名的一種"異教徒"的運動。這章運動，又根據着 Lyon 地方出身的指導者—— Petrus Waldus 而被稱為 "Waldens"派運動。牠在十八世紀被敵人以刀劍和炮火燒殺絕了。

新興的有產階級決不能被征服下來，因此普羅坦斯突的異教（反對着加特力教的耶穌新教）也決不能被剷除淨盡。而一到了這種市民階級充分的化為強大的時候，於是他們從來對封建貴族的主要的地方鬭爭，便擴大爲全國大範圍的鬭爭。最初一戰，便開始於德國。這卽所謂宗敎改革。但是，當時的有產階級，還沒有充分的力量把自身以外的革命的身分階級——都市的平民，下級貴族，及農村的農民等——團結到自身的旗幟之下，而且沒有發達到這種地步。所以，貴族固然便首先被打倒了，農民固然暴動起來了（這一暴動，實形成了那一革命運動的最高潮），但是，都市却放棄了農民。因此，革命軍結局爲地方諸候的軍隊所擊破了，而這些諸候，便奪取了全部的利益到自己的手裏（註一）於是，從那時以來，在三百年的長久期間，德國便不能居於那自身創造着歷史的國家之列。但是和那懣國人羅特爾（Luther）同時，法國人卡爾文（Ca-luin）註二，便起來了事。他不失其爲正志堅氣銳的法國人而闡明了宗敎改革之市民的性質，而使敎會共和化及民主化起來了。Luther 的宗教改革，在德國衰滅下去，致德國於滅落。反之，Calvin的宗教改革，在日內瓦，和蘭及蘇格蘭等地，成為了共和主義者的旗印，把和蘭從西伯牙和德國的手裏解放出來，而絕英國的第二幕革命劇以思想的衣裳。這些事實，便證明了，Calvin宗派代表當時市民階級利益的眞正的宗教的化裝。因為這種關係，於是當那一六八九年大革命為一部分貴族與市民的妥協所葬送的時候，這種 Calvin 宗派便不能充分的得到了一般人的公認。英國的國教教會，復興起來了。但並不是像那加特力教當時以國王為教皇的樣，以舊時的形態復興起來，而是以放上了濃厚的 Calvin 派的顏彩的形態，復興起來了。舊時的英國教會，從來保持著作那愈快的加特力式的安息日，而攻擊着無趣味的 Calvin 式的安息日。但是，有產階級式的新教會，却採納了後者。即現在猶風靡令英。

其在法國，Calvi宗派的少數派在一六八五年受着壓迫於是便不能不改宗到加特力派，或被追放於國外。但是，這種事情，到底發生了什麼效力呢？在那個時候，自由思想家伯易爾(Pierre Bayle)(註三)即已開始了活動。而且到了一六九四年，又生出了一位爾吳泰爾(Voltaire)。路易十四世紀的暴政却不過使法國的有產階級，採取了那非宗教的純粹政治的形式（這種形式，只適合於發達完成的資產階級）而使他們容易的獲得革命的勝利。自由思想家，奪取了新教徒在國會中的地位。於是，基督教便跑了牠最後的階段。從此以後，基督教對於任何進步的階級，便不能再成為其發奮國雄之思想的假裝。牠越發成為支配階級的獨占物，越發被支配階級利用為箝制下層階級之直截了當的統治手段。而在這個時候，各種支配階級便各採取適當的宗教而把牠利用起來。地主階級的貴族們，便利用加特力的耶穌教或正統派的新教，自由急進的資產階級則採用唯理主義的宗教。至於，這些創教的王候富豪們的自身，對於他們所選擇的宗教，是否有眞正信仰。——這實屬另一問題。

（註一）參照恩格斯的"德國農民革命"（共產主義入門叢書，第八卷 Vereinigung International Verlagsanstalten, Berlin1925）

（註二）（一五〇九——一五六四年）。Calvin 於一五一四年在日內有創立了市立教會的憲法。

（註三）（一六四七——一七〇六年）。費爾巴哈在一八三八年對他著了一部很詳細的書。

於此，我們知道：宗教一旦發生的時候。便不斷的把舊來遺下的東西抓進自身中來；而這便是因爲在一切觀念上的領域內，傳統力實爲一最大的保守力的原故。但是在這類傳統事物中所發生的變化，實從階級關係中發生出來。

辯證法的唯物論

換言之，自創造上述變化的人類的經濟關係中發生出來。現在我們且只說到這裏。

上面所述的，不過是馬克思的歷史觀之大概的輪廓，不過是其中之二三的例解。這種證明,是要在歷史自身中求出來的。而且這種證明,可以說在馬克思的其他著作中已充分的描寫出來了。但是，好像自然的辯證法的解釋之消滅了一切自然哲學的樣。這種歷史觀也就在歷史方面使一切哲學壽歸正寢。緊要的關頭,不是在頭腦中想出一切事物的聯絡,而是在事實中發見這種聯絡。這樣一來,於是哲學便被驅逐於自然和歷史的領域之外。如果這種哲學,尚有其存在的餘地的時候,則這種餘地便只是純粹思維的領域；只是關於思維過程自身法則的學問——論理和辯證法。(註)

(註)參照恩格斯的"從想到科學的社會主義之發展" (共產主義入門叢書,第七卷,三〇頁。

一八四八年的革命，同時便使"文明"的德國離開了純粹的理論而躍進了實際的舞台。這時候便發生了真正的大工業。來代替那建立在手工勞動上面的小工業和工場的手工業。於是德國便又在世界市場中現出來了。新進氣銳的小德國（註）至少也剷除了那最惡毒的弊害。而這些弊害，便是那小國家主義，封建制的遺物及官僚式的經濟等阻礙着當時德國發展的弊害。但是，到了思想的投機離開了哲學的研究室而大活躍於實際的舞台的時候，於是，那偉大的理論的精神，也同時從那'文明的德國"消滅下去了。而這一精神，正是佳晉深刻的政治消沈時代的德國之光榮的精神———所謂不顧成敗不畏強權的純正科學之研究的精神呢！我們知道，德國的一般自然科學尤其是在個別的研究圍範內，固然占了當時的最高地位。但是，正如美國"科學"雜誌所說的樣，至於關乎個別事實間大的聯絡方面之巨大的進步，和使這種聯絡化爲普遍的法則的工作，則現在迥異於前，不是成之於德國，而是多半成之於英國。而在歷史科學方面（哲學也被包含在內），則當古典派哲學消滅的時候，同時，那往年的理論的勇敢的精神，也完全喪失了。後來代替這種精神而興的，便是一些空洞的折衷主義，一些汲汲於地位和俸祿的慴怯者搖尾乞憐主義以至於一些俗庸的昇官發財主義。而這些學問的公認代表，便是一些公然辯護資產階級和現在國家的思想家。——但是要在這兩者資產階級與現在國家）共同的公然對抗着工人階級的時代。

（註）沒有包含奧國的德國，叫做小德國。

所以，只有在工人階級的中間，德國的理論的精神，纔能完全無缺的保存起來。在這一階級中，這種精神，是不能消滅的。在這一階級中，是決不能發生對於地位，殖利及"皇上恩典"的種種顧慮的。反之，科學之顧無忌的和無限制的猛勇邁進，正適合於工人階級的利益和要求。新的學派——在勞動發展史中找出了全社會史之認識的樞紐的新學派，最初就別的集中其注意力於工人階級，備受這一階級的歡迎——這種歡迎——他們（新學派）在公認科學方面不想求得而也不希望得來的歡迎。於是，我們便不得不說：德國的工人運動，是德國古典哲學的承認者。

（註）恩格斯的"社會主義的發展"的序文的結末語。